Bernward
bei Don Bosco

Peter Zelger

Die Kunst
der kleinen Schritte

Wegweiser für den Alltag

Bernward bei Don Bosco

Die Deutsche Bibliothek – CIP-Einheitsaufnahme

Zelger, Peter:
Die Kunst der kleinen Schritte :
Wegweiser für den Alltag / Peter Zelger. –
1. Aufl. – München : Bernward bei Don Bosco, 1998
    ISBN 3-7698-1093-7

1. Auflage 1998 / ISBN 3-7698-1093-7
© 1998 Bernward bei Don Bosco, München
Umschlag: Margret Russer
Gesamtherstellung: Salesianer Druck, Ensdorf

INHALT

III ZEICHEN ENTZIFFERN
Über Alltägliches meditieren

„Jeder ist seines Glückes Schmied." Dieser Überzeugung waren schon die alten Römer, die den
Satz geprägt haben. Auch wenn im Verlauf der
Jahre noch manche andere an unserem Lebens-
glück schmieden, so hängt es doch entscheidend
von uns selbst ab, wie wir mit unserem Leben und
der Welt zurecht kommen. Wir beackern selbst
den Boden, auf dem Glück und Freude erblühen
können.
Die meisten Menschen besitzen die Vorausset-
zungen zu einem Leben in Zufriedenheit und
Heiterkeit. Aber manche übersehen die ungezählten kleinen Freuden, die der Alltag bereit
hält. Oder sie beachten nicht, daß Eile und Ungeduld nicht zu den Köstlichkeiten des Lebens führen. Dahin führt nur die Kunst der kleinen
Schritte.

Die Texte dieses Buches möchten die Leserinnen
und Leser einladen, hinter die Fassade der alltäg-
lichen Dinge zu schauen, um die verborgenen
Schönheiten und Annehmlichkeiten zu entdek-
ken. Die Gedanken wollen dazu ermutigen, aus
den inneren Quellen zu schöpfen und ein Leben
in Vertrauen und Gelassenheit einzuüben.

Ich maße mir nicht an, Patentrezepte zu besitzen, die ein gelungenes Leben garantieren. Es geht mir um das Gespräch. Ich meine, der eine oder andere Gedanke, der mir im Verlauf der Jahre geschenkt wurde oder den ich bei großen Denkern „geliehen" habe, kann auch den Lebensweg anderer erhellen.

In dieser Absicht gebe ich die guten Erfahrungen weiter, die ich gemacht habe. Sie sollen helfen, das ganz persönliche Glück zu schmieden. Nur zufriedene Menschen sind auch gute Wegbegleiter für andere.

Peter Zelger

I
Die Welt
ist voller Wunder

Alles Irdische ist Sinnbild
des Ewigen

Den Geheimnissen nachspüren

Von dem bahnbrechenden Theologen und Naturwissenschaftler Teilhard de Chardin wird berichtet, wie er als Junge einmal einen Stein in der Hand hielt und ihn andächtig betrachtete. Später als weltbekannter Paläontologe verfaßte er eine Hymne an die Materie. Er sah in allen geschaffenen Dingen ein Abbild der unendlichen Lebenskraft Gottes. Er schrieb: „Die Schöpfung hat nie aufgehört ... Unaufhörlich, wenn auch unmerklich, steigt die Welt ein wenig mehr aus dem Nichts." Die Welt war für ihn voller Geheimnisse. Ihnen nachzuspüren empfand er als Gebet.

Wer einmal in ein Mikroskop oder in ein astronomisches Fernrohr geschaut hat, wer mit Muße einen Eiskristall oder einen glitzernden Schneehang betrachtet hat, wird erkennen: die Welt ist voller Wunder. Die Wissenschaft hat nur scheinbar ihre Geheimnisse entschleiert. Gleichzeitig schärft sie auch unseren Blick für neue unbekannte Welten. Die menschliche Erkenntnis schreitet fort, wirft Licht auf bisher Unbekanntes und gibt zugleich unablässig neue Rätsel auf.

Der spanische Dichter Juan Ramón Jiménez schrieb in diesem Sinne: „Laß den Tag nicht verstreichen, ohne ihm ein großes oder kleines Geheimnis abzuringen." Genau darin besteht das Abenteuer des Lebens: Wir entdecken immer neue Geheimnisse, die uns umgeben, und wir versuchen ständig, hinter den Schleier der Schöpfung zu blicken. Dadurch wird jeder Morgen ein neuer Aufbruch ins Abenteuer des Lebens.

Warum begeben sich Menschen auf Reisen? Warum besuchen sie Museen aller Art? Warum geben sie viel Geld aus, um die ägyptischen Pyramiden, die chinesische Mauer, die Kunst der Maya, die Vatikanischen Museen oder die gotischen Dome Frankreichs zu sehen? Warum besteigen sie Berge, durchstreifen Wälder und erforschen unterirdische Höhlen? Sie suchen nach Erlebnissen, an denen sich ihr Staunen entzünden kann. Sie spüren dem Wunderbaren nach, das wie unter einer Decke verborgen liegt. Um es mit Gertrud von Le Fort zu sagen: „Nichts Irdisches ist ewig, aber alles Irdische kann Sinnbild des Ewigen werden." Was wir die Geheimnisse des Glaubens nennen, bleibt uns weithin verborgen. Manchmal leuchten sie wie ein Funke in der Schöpfung, in der Kunst oder in einem Menschen auf. Wenn schon das Leben voller Geheimnisse ist, wie großartig müssen erst die Welten sein, die sich hinter der erfahrbaren Wirklichkeit verbergen!

Bisweilen fallen einem die beglückendsten Erlebnisse in den Schoß wie reifes Obst. Ein anderes Mal muß man sich anstrengen, um die Früchte zu pflücken. Man muß sich wie ein kleines Kind auf die Zehenspitzen stellen und den Kopf recken, um hinter die Bretterwand des Irdischen zu schauen. Und oft bleibt das Geheimnis im Dunkeln. Wenn man auszieht, Abenteuer zu erleben, stößt man unablässig an Grenzen, hinter denen wieder neue Abenteuer locken.

Wer aber jeden Tag versucht, etwas Neues zu entdecken, für den gleicht das Leben jenen Stunden, wie wir sie als Kinder am Dachboden verbracht haben. Man konnte tagelang in alten Truhen, ausgedienten Schränken, quietschenden Schubladen und vergilbten Zeitungen herumstöbern und immer neue, erstaunliche Entdeckungen machen. Und wenn es schon auf einem Dachboden so viel Geheimnisvolles zu entdecken gibt, um wieviel mehr Geheimnisse bergen das Leben und die Schöpfung!

Hilde Domin ermuntert in einem fünfzeiligen Gedicht: „Nicht müde werden – sondern dem Wunder – leise – wie ein Vogel – die Hand hinhalten."

Das Lesebuch Gottes

In jedem Frühjahr erlebt die Welt ein großartiges Schauspiel. Bäume und Sträucher, die im Winter wie abgestorben dastanden, schlagen aus und beginnen in den wundervollsten Farben zu blühen. Die Wiesen grünen und schmücken sich mit einem Farbenreichtum, vor dem selbst die größten Maler staunend verstummen. Das sich jährlich wiederholende Wunder des Frühlings läßt die Herzen der Menschen höher schlagen und lockt groß und klein ins Freie.

Die Natur erweist sich als ein unerschöpflicher Quell der Beglückung. Sie weckt Freude am Leben und Freude an der Welt. Berthold Auerbach, ein Schriftsteller des 19. Jahrhunderts, schrieb: „Wer keine Freude an der Welt hat, an dem hat die Welt auch keine Freude." Nicht nur bei den Menschen beruht es auf Gegenseitigkeit, wie sie miteinander umgehen. Unsere Freude an den Dingen wirkt sich auf unser Verhalten gegenüber der Schöpfung positiv aus. Mit der Umwelt kommt zweifellos besser zurecht, wer ihre Schönheiten sieht und sich an ihnen freut.

Gewiß erleben wir alle auch immer wieder, was schon der Prophet Jesaja niedergeschrieben hat: „Das Gras verdorrt, die Blume verwelkt ..." Nach kurzer Zeit der Blüte haben Gräser und Blumen ihren Zweck erfüllt. Sie haben Menschen erfreut und den Hunger von Schmetterlingen und Insekten gestillt. Aber schon allein durch ihr Dasein rechtfertigen sie die Schöpfung und loben den, der sie hat erblühen lassen. „Der Urheber der Schönheit hat sie geschaffen … Von der Größe und Schönheit der Geschöpfe läßt sich auf ihren Schöpfer schließen" – so hat es schon ein Weiser in vorchristlicher Zeit formuliert.

Der spanische Mystiker und Dichter Johannes von Gott hat in seiner bildhaften Sprache beschrieben, wie Gott durch den Wald eilt und mit vollen Händen seine Gaben ausstreut. Er kleidet die Schöpfung mit Schönheit, senkt seinen Blick auf sie und läßt darin sein Angesicht widerspiegeln. Wer mit offenem Blick die Natur betrachtet, wird erkennen, daß diese kleinen Wunder der Schöpfung nicht weniger staunenerregend sind als Krankenheilungen oder das Löschen eines gefährlichen Brandes.

Die Schöpfung geht mit ihren Schönheiten wahrhaftig verschwenderisch um. Sie schüttet sie in solcher Fülle aus, daß es für alle Menschen ausreicht. Kostenlos entfalten Wälder und Bergwiesen ihre Pracht. Alle, die Lust haben, können die Schönheiten genießen und sich daran erfreuen. Eine einzige Auflage wird den Menschen gemacht. Sie dürfen nicht zerstören, was Gott so wundervoll geschaffen hat. Alle tragen Verantwortung für den Garten der Schöpfung.

14

Wer nicht ein blinder Träumer ist, wird aber feststellen, daß es in der Natur auch Ungereimtes
und Unvollkommenes gibt. Große Tiere fressen
die kleinen. Der Blitz zerschmettert die schönste
Lärche. Wildbäche überschwemmen Wiesen und
Felder. Warum kann die Natur so ungezähmt
und grausam sein? Ist dem Schöpfergott ein „Fa-
brikfehler" unterlaufen? Oder wollte er bewußt
ein unvollkommenes Werk schaffen? – Wenn ich
den französischen Philosophen Blaise Pascal richtig verstanden habe, vertritt er die Meinung, daß
eher der zweite Gedanke zutrifft. In der Natur
gibt es Vollkommenes, sagt er, um zu zeigen, daß
sie ein Bild Gottes ist; in ihr gibt es Unvollkommenes, um zu zeigen, daß sie nur ein Bild von
Gott ist. Sie vermag Vollkommenes nur gebrochen und als Stückwerk wiederzugeben.

Dichter und Theologen haben die Natur als Lese-
buch Gottes bezeichnet. Wer darin liest, erfährt
etwas von der Schönheit, Größe und Güte des
Schöpfers. Es lohnt sich, immer wieder in dem
unterhaltsamen, lehrreichen und ermutigenden
Bilderbuch zu lesen. Es lädt zur Besinnung ein,
schenkt Heilung, erheitert das Gemüt und mil-
dert Leid und Sorgen; es fesselt unsere Aufmerksamkeit und spendet Trost.

Ich finde das Göttliche überall

In einem Tiroler Zisterzienserkloster führte uns ein freundlicher Pater durch die Kirche und das Klostergebäude. Wir standen in der Vorhalle der Kirche und bestaunten das schmiedeeiserne Rosengitter. Einer begann die geschmiedeten Rosen zu zählen. Ein anderer aus der Gruppe fragte, was das Gitter wert ist und wie hoch es versichert sei. Der Pater schmunzelte und sagte, er wisse es nicht; diese Frage habe ihm bisher noch niemand gestellt. – An diese Begebenheit erinnerte ich mich, als ich Jahre später beim berühmten Philosophen und Theologen Romano Guardini den Text fand: Führen Sie zwei Personen vor einen blühenden Rosenstrauch. Dem einen öffnet sich das Herz und er spricht: Wie schön! Der andere fragt: Wieviel hat er gekostet?

Die Menschen sehen die Welt mit verschiedenen Augen. Die einen interessiert der materielle Wert einer Sache. Sie eilen durch die Ausstellungsräume eines Museums und sehen nur die Fülle von Kunstwerken. Andere bewundern ihre Schönheit. Sie stehen gebannt vor dem Meisterwerk eines großen Künstlers und sind ganz ins Schauen versunken.

Sehen und Schauen ist nicht dasselbe. Auf einer Reise sieht man eine Fülle von Dingen: Städte, Landschaften, Bauten, Tiere und Gärten. Vieles bleibt an der Oberfläche. Es dringt nicht in die Tiefe. Schauen ist mehr. Es bedeutet, eine Person oder ein Ding tiefer erfassen, etwas von seinem inneren Wesen erahnen. Zum Schauen gehören Offenheit, Sympathie, Zuneigung. Der Blick der Liebe schaut tiefer.

Von Goethe stammt der Gedichtanfang: „Zum Sehen geboren, zum Schauen bestellt." Wer schaut, versucht zu begreifen, was er sieht. Er schaut hinter die Dinge und macht sich ein Gesamtbild vom Ganzen. Nicht zufällig bezeichnen wir die Grundeinstellung eines Menschen als seine Weltanschauung. Es ist seine Schau der Gesamtheit der Welt und des Lebens.

Wer gelernt hat, mit aufmerksamem Blick zu schauen, kann mit dem Inder Sri Aurobindo sagen: „Ich finde das Göttliche überall." Denn auf dem Hintergrund aller Dinge leuchtet der Glanz des Göttlichen auf. Dazu braucht es ein geübtes Auge. Der Theologe Hans Urs von Balthasar hat es so ausgedrückt: „Nur ein ausgeruhtes Auge sieht in den irdischen und vergänglichen Gestalten ewige Verhältnisse und Andeutungen, und nur der Künstler mit einem solchen ruhenden Auge kann in einer Symbolgestalt zeigen, was in den Dingen sichtbar werden kann, wenn man sie meditativ betrachtet." Echte Künstler besitzen die Fähigkeit, etwas vom Wesen der Dinge zu schauen und das Hintergründige zu erschließen.

Schauen bedeutet, die Verwandtschaft mit der Schöpfung erspüren. Der, dem es gelingt, erfährt darin eine beglückende Harmonie mit dem Schöpfer.

Unser Leben gleicht einem Bach

"Wenn du vergleichen willst den Weg deines Daseins in der Welt: Er gleicht dem Bach, der im Tal zum Fluß sich weitet und meerwärts zieht." Dieser Satz stammt von dem chinesischen Philosophen und Religionsstifter Laotse, der einige hundert Jahre vor Christus gelebt hat. Unser Leben − ein Bach. Das Bild ist treffend und tiefsinnig.

Gebirgsbäche geben sich meist harmlos. Sie plätschern über einen Wiesengrund ruhig und friedlich dahin. Im steilen Gelände aber stürzen sie schäumend und tosend zu Tal. Bei einem Gewitter können sie bisweilen zu Wildbächen anschwellen, Straßen und Bäume fortreißen, Häuser und Menschen bedrohen. Das Ziel des Baches, der auf seinem Weg durch Zuflüsse von allen Seiten zu einem Strom anwächst, ist das Meer. Alle, die das Meer zum ersten Mal erleben, zieht die wogende und unüberschaubare Wasserfülle in ihren Bann. Sie vermittelt einen Hauch von Unendlichkeit.

Auch das Leben des Menschen entspringt einer Quelle und ergießt sich nach unterschiedlich langen Wegen in die Unendlichkeit. Dazwischen liegen die Höhen und Tiefen eines Menschenlebens. Wie ein Bach hat das Leben irgendwo klein begonnen. Bei den einen ist der Weg zurück zur

Quelle bewegt und viele Kilometer lang. Bei anderen ist der Weg ausgeglichen und manchmal sehr kurz.

Der österreichische Psychotherapeut und Begründer der Logotherapie, Viktor Frankl, schrieb einmal: „Wie man die Höhe einer Bergkette nach dem höchsten Gipfel notiert, so kann ein einziger Augenblick dem ganzen Leben Sinn geben, eine einzige festliche Stunde dem Tag Höhe und Glanz." Es muß also nicht jeder einzelne Tag ein Glückstag sein. Wenn hin und wieder die Sonne den Lebensweg überstrahlt, können darin soviel Orientierung und Kraft liegen, daß sie für eine lange Zeit ausreichen. Von einer Begegnung mit einem verständnisvollen und liebenswerten Menschen kann Trost für ein ganzes Jahr ausgehen. In einer tiefen Gotteserfahrung leuchten Sinn und Gewißheit für das ganze Leben auf.

Manche Menschen sehen im Rückblick auf den Strom ihres Lebens vor allem die Dunkelheiten und Abgründe. Andere erinnern sich lieber an die strahlenden Landschaften, durch die sie gewandert sind. Dies hängt sowohl vom Charakter der einzelnen ab, es hat aber auch mit der Lebenseinstellung eines Menschen zu tun. Im Lauf der Jahre legen sich die meisten ihre eigene Lebensphilosophie zurecht. Sie orientieren sich an den Lebenserfahrungen anderer und sie lernen aus eigenen Erfahrungen. Allmählich sammelt sich ein Schatz von Lebensweisheit, aus dem sie sich wie Wanderer aus ihrem Rucksack stärken. Gläubige Menschen schöpfen dabei vor allem aus den Quellen des Wortes Gottes.

Wir alle kennen Menschen, mit denen man gern beisammen ist. Sie sind stets gut gelaunt und gelassen. Oft sind es einfache Leute ohne große Schulbildung. Ich denke an Begegnungen mit Bauern auf abgelegenen Höfen, an Hirten auf den Almen oder an abgeklärte Mütter und Väter. Sie formulieren ihre Lebenserfahrungen oft sehr bildhaft, ursprünglich und natürlich. Von jeder Begegnung mit ihnen zieht man bereichert und gestärkt weiter wie nach einem frischen Trunk aus einer sprudelnden Quelle. Jedes Menschenleben ist einmalig, geheimnisvoll und von unauslotbarer Tiefe. Es gleicht dem Bach auf seiner Reise von der Quelle ins unüberschaubare, unendliche Meer.

Alle Lust will Ewigkeit

Im vierten Teil seines Werkes „Also sprach Zarathustra" schrieb der Philosoph Friedrich Nietzsche: „Doch alle Lust will Ewigkeit, will tiefe, tiefe Ewigkeit." Gustav Mahler hat im vierten Satz seiner dritten Symphonie diesem Text in der Sprache der Musik klangvollen Ausdruck verliehen. Der Philosoph und der Musiker haben auf ihre Weise ausgedrückt, was jeder von uns immer wieder erlebt. Es gibt Augenblicke, in denen man mit Goethes Faust ausrufen möchte: „Verweile doch, du bist so schön."

Wenn jemand am Ende seines Lebens alle Augenblicke zusammenzählt, in denen er ohne jede Einschränkung glücklich gewesen ist, macht diese Zeit wahrscheinlich nur einen kleinen Bruchteil seines Lebens aus. Glückliche Stunden sind auf unserem Lebensweg wie vierblättriger Klee: hin und wieder findet man ein Blatt, meistens sind die Wiesen aber voller Klee mit nur drei Blättern. Und selbst wenn wir glücklich sind, fällt nicht selten ein Wermutstropfen in den Becher der Freude. Eine Verwandte liegt krank im Bett, die Kinder sind nicht daheim oder man denkt an morgen, wenn alles vorbei sein wird.

Viele Märchen enden mit dem Satz: „Und es wurde Hochzeit gefeiert, und das Paar lebte glücklich bis ans Ende des Lebens." In diesem

Satz drückt sich das Verlangen der Menschen nach dauerndem Glück aus. Wie ein unauslöschliches Feuer brennt im Menschen die Sehnsucht nach einem Glück, das nicht stirbt. Der Dichterphilosoph Nietzsche hat gewußt, daß Lust und Glück über das diesseitige Leben hinausweisen. „Alle Lust will tiefe, tiefe Ewigkeit."

Als der Münchner Männerseelsorger P. Rupert Mayer 1940 von den Nationalsozialisten verhaftet und ins Gefängnis gesteckt wurde, schrieb er: „Als die Gefängnistür eingeschnappt war und ich allein im Raum war, kamen mir die Tränen in die Augen, und zwar waren es Tränen der Freude, daß ich gewürdigt wurde, um meines Berufes willen eingesperrt zu werden und einer ganz ungewissen Zukunft entgegenzugehen." Solche Aussagen, wie man sie auch bei anderen großen Persönlichkeiten und bei Heiligen finden kann, deuten darauf hin, daß nicht nur die schönen Dinge des Lebens für uns Quellen der Freude sein können. Der Garten, in dem die Blume des Glückes gedeiht, befindet sich in uns selbst.

Glück ohne Leid ist ebenso undenkbar wie Licht ohne Schatten. Die Fotografen wissen, daß die Lichtbilder lebendiger und abwechslungsreicher ausfallen, wenn am blauen Himmel ein paar Wolken dahinziehen. Maler empfinden eine Landschaft mit Gewitterstimmung als besonders eindrucksvoll. Und wer von uns hat noch nie eine

Herbstlandschaft bewundert, wenn die verwelkten Blätter in allen Farben leuchten?

Schatten sind wie kräftige Pinselstriche in der Landschaft. Sie zeigen an, daß die Sonne noch scheint. Wenn die Tage kürzer und die Nächte länger werden, siecht nicht die Sonne dahin. Sie scheint anderswo heller und kräftiger. Nach einiger Zeit wird sie uns mit ihrem Licht und ihrer Wärme wieder beglücken.

Die urmenschliche Sehnsucht, die in den Worten Nietzsches und der Musik Mahlers anklingt, ist nicht ein leerer Traum. Wenn die Stunden des Glückes auch nur kurz aufblitzen, so weist doch dieses Aufleuchten darauf hin, daß es irgendwo eine Quelle des Glückes gibt. Weil wir dies ahnen, drängt alles in uns zu dieser Quelle hin. Wir möchten den Strom aufwärts wandern zum Ursprung der Freude. Das Herz sagt uns, daß an der Quelle des Glückes unser Ziel liegt.

Die Ros' ist ohn' warum

Die Ros' ist ohn' warum, sie blühet, weil sie blühet, sie acht' nicht ihrer selbst, fragt nicht, ob man sie siehet." Die Verse stammen von dem schlesischen Mystiker und Dichter Johannes Scheffler, der im 17. Jahrhundert gelebt hat. Der Verfasser zahlreicher Kirchenlieder und einer gefühlstiefen Spruchlyrik ist besser bekannt unter dem Namen Angelus Silesius.

Wer im Sommer durch einsame Berggebiete wandert, kann an abgelegenen Felshängen einer Blumenpracht begegnen, die bezaubernd ist. Es mag sein, daß an dieser Stelle den ganzen Sommer über kein einziger Mensch vorbeikommt. Viele blumenübersäte Rasenflächen auf unzugänglichen Abhängen sieht nie ein menschliches Auge. Man möchte die Blumen fragen: „Für wen duftet und blüht ihr?" „Sie blühen, weil sie blühen", sagt der Dichter.

Heinrich Heine formulierte einmal: „Zwecklos ist mein Lied. Ja, zwecklos wie die Liebe." Man kann einen Freund oder eine Freundin fragen: „Warum liebst du mich?" Aber es hat keinen Sinn zu fragen: „Wozu liebst du mich?" Wenn die Liebe einen Zweck verfolgt, ist sie nicht reine Liebe. Sie ist dann vielmehr Berechnung oder Geschäft. Und der schottische Afrikaforscher Mungo Park, der vor 200 Jahren gelebt hat, erzählte, wie er einmal todmüde und dem Verdursten nahe sich auf den Wüstensand hat fallen lassen und alle Lebenshoffnung aufgab. Da fiel sein Blick auf eine kleine Moosblume. Er bewunderte diese winzige Pflanze im Wüstensand. Da regte sich in ihm die Frage: „Kann das Wesen, das in dieser Einsamkeit eine so schöne Blüte gedeihen läßt, ohne jedes Mitleid auf einen Menschen niederblicken, der ja nach seinem Bild geschaffen ist? Gewiß nicht." Dieser Gedanke vertrieb wie ein frischer Wind die Verzweiflung in ihm, gab seinen Muskeln neue Kraft und ermutigte ihn, aller Müdigkeit zum Trotz weiterzugehen. Er setzte seine Reise fort und wurde gerettet.

Auch wenn Blumen ohne Absicht blühen und keinen Zweck verfolgen, können sie Menschen erfreuen und ermutigen. Blumen können lachen, reden, ins Herz leuchten. Sie sprechen, z. B. wenn sie von einem Kind der Mutter zum Namenstag überreicht werden. Sie heilen, wenn sie im Zimmer eines Kranken stehen. Sie leuchten, wenn sie den Weg eines Trauernden erhellen. Ernst Jünger schrieb: „Wenn uns die Welt erschüttert scheint, kann der Blick auf eine Blume die Ordnung wieder herstellen."
So erinnert uns auch die Rose am Gartenzaun, daß nicht alles auf der Welt auf Ziele und Zwecke ausgerichtet sein muß. Absichtslose Liebe, Begegnungen ohne Hintergedanken oder selbstverständliche Freundschaft führen manchmal weiter

als gründlich durchdachte Programme und perfekt formulierte Ziele.

„Wenn du zwei Brote hast, gib eines den Armen. Das andere verkaufe und kauf eine Hyazinthe, um die Seele zu nähren." Diese Hindu-Weisheit, meine ich, trifft den Kern. Neben dem Teilen des Brotes und dem konsequenten Streben nach Lebenszielen dürfen Menschen nie vergessen, daß auch die Seele Nahrung braucht. Das möchten uns die Blumen am Weg sagen.

II
Aus inneren
Quellen schöpfen

Bewußt leben

Den Augenblick leben

Die Unzufriedenen, denen das Geschenk des Lebens und die Schönheit der Welt nicht genügen, werden dadurch bestraft, daß sie sich durch das Leben quälen und von den Früchten und der Schönheit der Welt nichts haben." So lautet in freier Übersetzung eine Aussage des italienischen Malers, Baumeisters und Naturforschers Leonardo da Vinci. Er bestätigt damit eine alte Erfahrung: Wer nie genug hat, dem zerrinnen zwischen den Fingern die Dinge, die er genießen könnte. Wer alles haben möchte, steht zum Schluß mit leeren Händen da.

Manche Menschen kramen ständig in der Vergangenheit herum. Sie fühlen sich um ihre Jugendzeit betrogen. Sie malen sich aus, was sie alles hätten unternehmen, erleben und genießen können. Aber damals war es nicht möglich. Das Geld war knapp. Man mußte viel arbeiten und sich ganz der Berufsausbildung widmen. Es bestanden nicht die Möglichkeiten, die der Jugend von heute teilweise offen stehen. Aber was nützt es, sich selbst zu bedauern? Ein griechischer Weisheitsspruch lautet: „Der Vergangenheit nachtrauern heißt die Gegenwart versäumen."
Andere Leute richten ihre ganze Aufmerksamkeit auf die Zukunft. Sie verbringen ihre Tage mit dem Warten auf das große Glück. Sie sind über-

zeugt, einmal muß für sie der große Glückstag kommen: der große Lottogewinn, die überraschende Erbschaft des unbekannten Onkels in Amerika, die berühmte Erfindung, der berufliche Höhenflug oder der künstlerische Durchbruch. Vor lauter Warten entgeht solchen Menschen die Gegenwart. Sie vergessen, was Meister Eckhart gesagt hat: „Die wichtigste Stunde in deinem Leben ist die Gegenwart." Sie zu nützen ist wichtiger, als auf Überraschungen zu warten.

Der italienische Schriftsteller Giovanni Guareschi, Autor des heiter-kritischen Romans „Don Camillo und Peppone", hat manche seiner Zeitgenossen so charakterisiert: „Sie verbringen die Zeit, indem sie warten, daß die Zeit vergeht." Solchem Fehlverhalten gegenüber forderte der lateinische Dichter Horaz: „Carpe diem", auf deutsch: „Nutze den Tag!" Gemeint ist: Schöpfe den Tag aus, lebe den Augenblick! „Jeder Augenblick intensiv gelebten Lebens bringt mir Lebensmut und Glück", bekennt Luise Rinser.

Als ein religiöser Meister gefragt wurde, wer ein Heiliger sei, antwortete er: „Wer in jeder Sekunde voll gegenwärtig ist, der ist wahrlich ein heiliger Mensch." Und er erzählte die Geschichte von dem gefangenen Krieger. Er konnte in seiner Gefängniszelle nicht einschlafen, weil er fürchtete, am nächsten Tag gefoltert zu werden. Da fielen ihm die Worte seines Zen-Meisters ein: „Morgen ist nicht wirklich. Die einzige Wirklichkeit ist die

Gegenwart." Er besann sich auf die Gegenwart und fiel in einen tiefen Schlaf.

„Bejahe den Tag, wie er dir geschenkt ist", heißt es in einem Buch von Saint-Exupéry. Weil die Nelke heute blüht, muß ich heute ihren Duft genießen. Heute scheint die Sonne, heute ist mir die Begegnung mit einem lieben Menschen geschenkt, heute wird ein fröhliches Fest begangen. Ich muß im Heute leben. Die entscheidende Chance des Lebens ist der jeweilige Augenblick.

Hier stößt Eile auf Zeit

An einem Kirchenportal steht der Satz geschrieben: „Hier stößt Eile auf Zeit." Man liest den Text wie viele andere im Umfeld der Kirche: „Mode Krämer" oder „Wer Milch trinkt, lebt gesünder". Erst im Innern der Kirche wurde mir die Bedeutung des Satzes an der Tür so richtig bewußt. Drinnen ist es still. Durch die bunten Fenster zeichnet die Sonne ein farbiges Mosaik auf den Boden. Wie aus einer anderen Welt dringt gedämpft der Lärm der Straße herein. Im weiten Kirchenraum scheint die Zeit still zu stehen.

Wer einmal an einem feierlichen orthodoxen Gottesdienst teilgenommen hat, mag etwas von dieser Zeitlosigkeit erlebt haben. Ein festlicher Gottesdienst dauert wenigstens drei Stunden, manchmal auch länger. Wie ein heiliges Spiel entfaltet sich die Liturgie. In gemessenen Schritten bewegt sich eine Prozession durch den Raum. Weihrauch steigt zum Gewölbe empor und der Chor wiederholt die mehrstimmigen Rufe. Von Eile ist nichts zu spüren.

Auch in unserer westlichen Liturgie kann man ähnliches erleben. „Es war einfach schön", sagte eine Teilnehmerin nach einer Primizfeier, „es hätte noch zwei Stunden dauern können." Wenn Teilnehmer und Mitwirkende eine gottesdienstliche Feier so empfinden, ist sie gelungen. Dann hat sich in ihrem oft hektischen Alltagsleben die Zeit wie ein köstlicher Duft verströmt.

Es gibt auch andere Gottesdienste. Da liegt wie ein unsichtbarer Schleier eine zittrige Nervosität über dem ganzen Ablauf. Im Laufschritt wechseln Personen ihre Plätze, Handlungen werden erledigt, Texte und Lieder abgespult. Wie auf dem Pferderennplatz blicken die Zuschauer auf ihre Uhren. Ich weiß, die Schilderung ist übertrieben. Derart gehäuft kommen solche Unsitten kaum vor. Aber manchmal hat man den Eindruck, daß bei einem Gottesdienst nicht Eile auf Zeit stößt, sondern Zeit durch Eile totgetrampelt wird.
Wann sollen Menschen noch zur Ruhe kommen, wenn nicht beim Besuch einer Kirche, beim Gottesdienst oder einem stillen Gebet? Es ist ein notwendiger Dienst an der Gesellschaft, wenn die Glaubensgemeinschaften den Menschen Oasen der Ruhe anbieten. Zeit haben ist eine Kunst, die gelernt und eingeübt werden muß. Um Zeit zu haben, muß man sich Zeit nehmen, manchmal fast stehlen. Das ist schwer. Viele sind von Terminen wie von einem Bretterzaun eingeklemmt, so daß sie sich kaum rühren können.

Von einem guten Seelsorger sagen die Leute: „Er hat immer Zeit. Wenn du zu ihm gehst, ist er ganz für dich da. Er hört dir zu, als ob er sonst nichts zu tun hätte." Er verschenkt kostbare Zeit. Von einem anderen heißt es, er habe nie Zeit. Er ist immer unterwegs, um dringende Termine wahrzunehmen. Gelingt es einmal, mit ihm ein Gespräch anzuknüpfen, zieht er den Terminkalender heraus, blickt auf die Uhr und steht so da, daß du deutlich merkst: Seine Gedanken sind schon auf dem Weg zu einer anderen Verpflichtung.

Es gibt ohne Zweifel Pflichten, Verabredungen und Termine, die man einhalten muß. So ungebunden und Herren ihrer Zeit sind wenige, daß sie jederzeit verfügbar sein können. Ärzte und Krankenschwestern, Berater und Seelsorger, Erzieherinnen und Eltern bekommen dies oft schmerzlich zu spüren. Je mehr sie versuchen, die verfügbaren Stunden wie Brote aufzuteilen, um so mehr wird ihnen bewußt, daß man Zeit nicht mit dem Tropfenzähler verteilen kann.

Zeit haben und Zeit geben hat mit Freiheit zu tun. Denn Zeit schenken kann nur, wer sich selbst zur Verfügung hat. Heinrich Spaemann schreibt: „Im Verschenken der Zeit gewinnt sie der Mensch jeweils tiefer zu eigen." Und weiter sagt er sinngemäß: In der Muschel der Zeit schenken wir einander die Ewigkeit.

Mensch sein

„Baust du ein Schloß?" fragte ich den Kleinen, der am Boden hockte und aus feuchtem Sand eine Mauer gestaltete. Er sah mich von unten an und belehrte mich: „Ich baue die Welt." Der Ernst, mit dem er es sagte, ließ in mir jeden Zweifel verstummen. Ich bewunderte die Hingabe, mit der der Junge seine Welt baute.

Das Spielen hat niemand erfunden. Es ist zugleich mit dem Menschen geboren worden. Es gehört zur Natur des Menschen, nicht nur des Kindes. Wer nicht spielen kann, ist nicht imstande, sich vom Druck der Arbeit und des Planens zu lösen. Ihm ist ein Stück menschlicher Freiheit abhanden gekommen. Spiele haben meist eine befreiende Wirkung.

Was ein Spiel ist, kann man nicht leicht beschreiben. Es ist dadurch gekennzeichnet, daß es keinen Zweck verfolgt. Das Kind spielt um des Spielens willen. Es ist ganz auf das Spiel konzentriert und voll von ihm in Anspruch genommen. Dabei gehen Wirklichkeit und Phantasie fließend ineinander über.

Wer die Welt baut, hat davon eine Vorstellung. Er bringt sein „Weltbild" zum Ausdruck. Vor allem beim gestaltenden Spiel entfalten Kinder ihre Fähigkeiten. Sie ahmen den Weltenschöpfer nach, indem sie eine Welt bauen, die ihren Vorstellun-

gen entspricht. – Spiele sind Bilder des Lebens.
Sie stellen menschliche Grundsituationen dar:
Freude, Trauer, Liebe, Haß, Kampf und Sieg.
Spiele können auch gesellschaftliche Verhältnisse
und Träume widerspiegeln. Deswegen kann das
Spiel eines Kindes Aufschluß über seinen seeli-
schen Zustand geben. Wie kaum bei einer anderen Gelegenheit zeigen auch die Erwachsenen
beim Spiel ihren wahren Charakter.

Zwischen dem Sandkastenspiel eines Kindes,
dem Kartenspiel Erwachsener, dem Fußballspiel
zweier Mannschaften, den Freilichtspielen einer
Theatergruppe und dem Spiel eines Orchesters
gibt es erhebliche Unterschiede. Doch bei allen
Spielen tritt das Besitzen, Erwerben und Verdienen in den Hintergrund. Beim Spielen geht der
Mensch aus sich heraus. Er probt gleichsam neue
Möglichkeiten seines Daseins. Nicht selten findet
er gerade dadurch zu sich selber.
Wer spielt, vergißt sich und die Zeit. Er oder sie
widmet sich dem Augenblick und sorgt sich nicht
um das Morgen. Manche brauchen das Spiel, um
Abstand zu gewinnen. Wo das Spiel nicht auf Leistung hinzielt, ist der spielende Mensch offen,
unbefangen, zuversichtlich und heiter.
Kaum irgendwo kann gläubiges Vertrauen so eingeübt werden wie beim Spiel. Wer ganz von einem Spiel in Anspruch genommen wird, hat keine Angst. Er oder sie lebt ganz im Augenblick.

Die Erfahrung die man dabei macht, hat Ähnlichkeit mit der christlichen Hoffnung.

Was spielen bedeutet, können wir von den Kindern lernen. Für sie hat das Spiel etwas Leichtes und Heiteres an sich. Für sie ist das ganze Leben ein Spiel. Sie widmen sich ganz dem jeweiligen Augenblick. Auch der Erwachsene kann im Spiel neue Fähigkeiten seines Lebens entdecken und dadurch mehr er selber werden. Friedrich Schiller hat es so ausgedrückt: „Der Mensch ist nur dort Mensch, wo er spielt.“

Geborgen sein

Kinder schauen meist zufrieden und glücklich in die Welt. Wenn sie nicht zu den ungezählten Flüchtlingskindern, Waisen oder Kranken in der Welt gehören, haben sie leicht lachen. Sie kennen keine Sorgen und keinen Streß. Das Leid über die zerbrochene Puppe oder den entflohenen Kanarienvogel ist bald geheilt oder vergessen. Für das, was sie zum Leben unbedingt brauchen, sorgen die Eltern. Sie stillen Hunger und Durst und kümmern sich um Kleider und Schlaf. Vor allem aber schenken sie Geborgenheit. Wenn kleine Kinder das Glück haben, in einer harmonischen Familie aufzuwachsen, sind sie in ein Netz von Beziehungen eingebunden. Außer Vater und Mutter umgeben sie Geschwister, Großeltern, Tanten und Onkel und viele andere mit liebender Zuwendung.
Sie sind wie liebevoll gehegte Blumen, die gutes Erdreich, Luft, Sonne und Wasser in Fülle haben. Diese Geborgenheit gehört zu den wichtigsten Lebensbedingungen, damit Kinder glücklich aufwachsen können. Es gibt kaum ein besseres Startkapital für das Leben.

Aber nicht nur Kinder brauchen Zuwendung. Jeder Mensch sehnt sich danach, irgendwo angenommen, geborgen und zu Hause zu sein. Das sind dann die Orte, an denen gestreßte Zeitgenossen unserer Tage ausruhen, neue Kräfte sammeln und vor allem ganz Mensch sein können. Eine familiäre Umgebung, in der Einvernehmen und Friede herrschen, kann dies bieten. Geborgenheit schenken Menschen, von denen man weiß, daß sie es gut meinen und uns nicht im Regen stehen lassen.

In einer chassidischen Erzählung wird berichtet, daß ein Vater seinem Sohn, der auf einer Mauer stand, zurief: „Spring herunter, ich fange dich auf!" Als das Kind nach anfänglichem Zögern sprang, zog der Vater die ausgestreckten Arme zurück. Das Kind stürzte zu Boden. Der Vater sagte: „Mein Kind, so ist die Welt. Man darf niemandem vertrauen, nicht einmal dem eigenen Vater." Eine solche Erziehungsmethode ist sicher nicht richtig und zielführend. Sie zerstört das lebensnotwendige Urvertrauen der Kinder.

Menschliche Enttäuschungen sollten im Leben Ausnahmefälle bleiben. Sie sind wie andere Störungen, tun nur ungleich mehr weh. Es gehört zu unserem Alltag, daß der Computer streikt oder der Staubsauger bockt. Ähnlich haben auch Menschen zuweilen ihre Tücken. Das liegt an ihrer Charakterschwäche, an ihrer Begrenztheit, am schwachen Willen. Das heißt aber auch, daß einem auch der beste und liebevollste Mensch nicht auf Dauer letzte Geborgenheit schenken kann. Dies zu erwarten, hieße jede Frau oder jeden Mann überfordern. Nicht einmal sich selber kann man garantieren, daß man treu und redlich seinen Lebensweg bis ans Ziel zu gehen vermag.

Endgültige und dauerhafte Geborgenheit kann nur Gott schenken. Diese Erfahrung haben die Frommen des Alten Testamentes gemacht. Sie beteten: „Auf dich, o Herr, habe ich vertraut … In deiner Hand liegt mein Geschick." Ein anderes großartiges Beispiel für eine solche Lebenshaltung stammt von Edith Stein. Obwohl sie als hochintelligente Frau klar erkannte, wie gefährdet ihr Leben als Jüdin im Dritten Reich war, hat sie geschrieben: „Alles nehmen, wie es ist, es in Gottes Hände legen und ihm überlassen. So wird man in ihm ruhen, wirklich ruhen, und den neuen Tag wie ein neues Leben beginnen."
Schön ist es, wenn Gott seine bergende Nähe durch Menschen spürbar werden läßt. Wer sich angenommen weiß, bejaht seine Existenz. Er oder sie erfährt das eigene Leben als sinnvoll. Dies hilft zu einer positiven und sinnvollen Lebenseinstellung. Solche Erfahrungen machen fähig, anderen Geborgenheit weiter zu schenken.

Wo bleibst du?

Aus dem Leben des Ordensgründers Benedikt von Nursia wird eine Begebenheit von außergewöhnlicher Schönheit berichtet. Als der Mönchsvater dem Kloster Montecassino vorstand, lebte seine Schwester Scholastika als Ordensfrau nicht weit von dort entfernt. Einmal im Jahr kamen die beiden Geschwister in der Nähe des Mönchsklosters zusammen, um miteinander über geistliche Dinge zu reden. Im Jahre 542 war Scholastika beim Gespräch mit dem Bruder so beglückt, daß sie bat, er möge etwas länger bleiben und mit ihr über die Freuden des Himmels sprechen. Der Heilige wollte sich an seine Ordensregel halten, die vorschrieb, abends ins Kloster zurückzukehren, und lehnte ab. Da flehte Scholastika zu Gott um Hilfe. Und plötzlich brach ein solcher Regenschauer los, daß Benedikt notgedrungen bleiben mußte. Er blieb drei Tage bei seiner Schwester, die dann am dritten Tag starb.

Es ist schön, wenn Geschwister einander so gut verstehen, daß sie ihr Beisammensein als große Freude erleben. Für die beiden Heiligen war es ein beglückendes Erlebnis, miteinander über himmlische Dinge zu reden. Es wird berichtet, Benedikt habe beim Tod seiner Schwester ihre Seele wie eine Taube zum Himmel emporschweben gesehen. Ihren Leib setzte er in dem Grab bei, das er für sich selbst vorbereitet hatte.

In Afrika ist es üblich, daß Familienmitglieder ihre Angehörigen ins Krankenhaus begleiten und bei ihnen bleiben. In manchen Spitälern fehlt das Pflegepersonal, so daß die Verwandten für Nahrung und Pflege aufkommen müssen. In einigen Gegenden soll es vorkommen, daß die Angehörigen bei den Kranken bleiben, damit ihnen nicht Organe entnommen und verkauft werden. Die Nähe von Familienmitgliedern in schwerer Krankheit wirkt sich aber vor allem auch positiv auf die Heilung aus. Einem Menschen in schwerer Zeit nahe zu sein ist eine sehr wirksame Therapie.

Wenn in der Nacht ein Ungewitter aufzieht, Blitze das Schlafzimmer erhellen und der Donner über die Hausdächer hinwegrollt, dann bekommen es viele Kinder mit der Angst zu tun. Sie laufen in das Schlafzimmer der Eltern. In ihrer Nähe fühlen sie sich geborgen. Oft bleibt die Mutter am Bett des Kindes, bis es wieder einschläft. „Bleibst du da?" fragt das Kind. Und die Mutter versichert: „Schlaf nur, ich bin da."

„Wo bleibst du?" In manchen Gegenden des deutschen Sprachgebietes bedeutet diese Frage nicht: Wo bist du? „Bleiben" bedeutet wohnen. Mir gefällt der Ausdruck. Man bleibt, wo man daheim ist, wo man von Menschen umgeben ist, die einem wohlwollen. Bleiben ist viel mehr, als sich zufällig irgendwo aufhalten. Wo man auf einer Reise oder im Urlaub übernachtet, da bleibt man nicht. Man ist nur vorübergehend dort. Am Schulort, im Krankenhaus, in der Kaserne, am Arbeitsplatz, in der Sommerfrische, auf der Alm, da lebt man für kürzere oder längere Zeit. Aber man bleibt, wo man daheim ist.

Das Alte Testament erzählt: Als Mose die Schafe seines Schwiegervaters Jitro hütete, sah er einen Dornbusch brennen, der nicht verbrannte. Es war Gott, der in diesem Zeichen erschien. Er forderte ihn auf, das Volk Israel aus Ägypten herauszuführen. Da sagte Mose: „Die Leute werden mich fragen, wer mich zu ihnen gesandt hat. Wenn ich sage, es ist Gott, werden sie fragen: Wie heißt er?" Da sagte Gott zu Mose: „Mein Name ist *Ich-bin-da-bei-euch*." Gott hat sich selbst als einer bezeichnet, der da ist. Wie ein guter Freund oder ein vertrauter Mensch bleibt er stets in unserer Nähe. Im Gebet eines unbekannten Verfassers heißt es: „Bleibe bei uns, wenn über uns kommt die Nacht der Trübsal und Angst, die Nacht des Zweifels und der Anfechtung, die Nacht des bitteren Todes."

Muße ist nicht Müßiggang

Ein Südseehäuptling, so wird berichtet, besuchte Europa. Nach der Rückkehr erzählte er seinem Volk: „Die Papalagi", so bezeichnete er die Europäer, „sind nie zufrieden mit ihrer Zeit. Wie mit einem Buschmesser teilen und zerteilen sie jeden Tag nach einem gewissen Plan. Alle Teile haben ihren Namen: Sekunde, Minute, Stunde. Die meisten Leute rennen durch das Leben. Die Zeit entschlüpft ihnen wie ein Stein in der nassen Hand. Die Papalagi haben die Zeit nicht erkannt, sie verstehen sie nicht und mißhandeln sie."

Auch die Völker im Fernen Osten gehen mit der Zeit anders um als die Europäer. Reisende und Missionare erzählen, daß man es dort mit der Abfahrt von Zügen oder Autobussen oft nicht so genau nimmt. Wenn ein Lokalzug laut Fahrplan um 16 Uhr abfahren sollte, kann es sein, daß er erst nach 20 Uhr eintrifft. Dann erklärt der Lokomotivführer in aller Ruhe, daß er müde sei, hier übernachten und am nächsten Morgen weiterfahren werde. Wann genau er dann weiterfahre, könne er heute noch nicht sagen.

Die Menschen in diesen Ländern haben ein anderes Verhältnis zur Zeit. Sie verstehen die Europäer nicht, die ständig auf die Uhr blicken und den Minuten und Sekunden nachjagen. – Sogar die Iren denken über die Zeit anders als die Mitteleuropäer. Sie haben ein Sprichwort, das lautet: „Als Gott die Zeit schuf, hat er genug davon gemacht." Aus Skandinavien stammt das ähnlich lautende Sprichwort: „Gott hat uns die Zeit geschenkt, von Eile hat er nichts gesagt." Wie es scheint, hängt es mit dem Lebensstil zusammen, ob jemand Zeit hat oder nicht. Die Leute in den Industrieländern lassen sich von den Maschinen, die sie selber erfunden haben, den Lebensrhythmus diktieren. Sie hetzen und jagen durch das Leben, um ja nichts zu versäumen. Am Ende stellen sie fest, daß sie vor lauter Eile vergessen haben zu leben.

Faulenzen ist in unserer Welt ein verpöntes Wort. Nicht ganz zu Unrecht. Es gibt Leute, die wie Parasiten auf Kosten anderer leben, obwohl sie leicht selbst für sich sorgen könnten. Die deutsche Sprache kennt die feine Unterscheidung zwischen Müßiggang und Muße. In diesem Sinne hat schon der weise Cicero im 1. Jahrhundert vor Christus geschrieben: „Der nämlich scheint mir kein freier Mensch zu sein, der nicht hin und wieder einmal gar nichts tut."

In den meisten Religionen, besonders im Osten, spielt die Meditation eine wichtige Rolle. Meditieren heißt nicht, über etwas nachdenken. Wer meditiert, denkt nicht, er ist einfach da. Er überläßt sich der Ruhe. Wer in sich ruht, ist mit sich und der Welt versöhnt, stimmt seinem Leben zu, gelangt zur inneren Einheit der Person. Solche Ruhe kann schöpferisch sein. Sie wirkt friedenstiftend in die Gesellschaft hinein.

Schon längst hat sich auch in Managerkreisen herumgesprochen, wie wichtig die Beschaulichkeit ist. Gestreßte Leiter großer Betriebe geben viel Geld aus, um in Seminaren meditieren und zur Ruhe kommen zu lernen. In der Kirche ist dies eine uralte Tradition: Klöster sind Orte, wo die Beschaulichkeit gleichsam von Berufs wegen gepflegt wird. Mönche und Mystiker führen ein Leben der Beschaulichkeit. Beschaulichkeit ist der Wurzelgrund, aus dem eine fruchtbare Aktivität herauswächst. Wahrhaft große Menschen reifen in der Stille.

Was die Katze lehrt

Ein Kater sah ein Kätzchen, das hinter seinem eigenen Schwanz herlief. Er fragte: „Warum läufst du deinem Schwanz nach?" Das Kätzchen gab zur Antwort: „Man hat mir gesagt, das Schönste für eine Katze sei es, glücklich zu sein. Und am glücklichsten sei eine Katze, wenn sie den eigenen Schwanz erwische. Deswegen laufe ich ihm nach." Der alte Kater erwiderte: „Auch ich habe einmal gemeint, das Glück bestehe darin, den eigenen Schwanz zu erwischen. Aber ich habe festgestellt, so schnell ich ihm auch nachlaufe, er entwischt mir immer. Wenn ich andere Dinge tue, folgt mir mein Schwanz von allein."
Diese Fabel stammt von C. L. James.
Der Sinn der Geschichte ist leicht zu begreifen. Wer meint, er werde glücklich, wenn er immer nur sich selber nachläuft, kann das Glück nicht einholen. Wer die Stunden seines Lebens ausschöpft, den täglichen Pflichten nachgeht und die Tage nimmt, wie sie ihm geschenkt werden, bei dem klopft das Glück von selber an die Tür. Glücklich sein kann man nicht erzwingen, es wird geschenkt. Die Menschen können höchstens günstige Gelegenheiten dafür schaffen.
In die gleiche Richtung weist die Lehre des Begründers der Logotherapie, Viktor Frankl: Man braucht dem Glück nicht nachzulaufen. Das bringt nichts. Der Mensch wird glücklich, wenn

47

er den Plan seines Lebens verwirklicht. Dies geschieht nicht, indem man nur an sich denkt, sondern indem man sich einer Aufgabe hingibt. Viele Menschen machen es wie die junge Katze. Sie laufen hektisch dem Glück nach, aber in die falsche Richtung.

Im römischen Götterhimmel gab es eine Göttin des Glücks. Sie hieß Fortuna. Beim Verteilen des Glückes ging sie sehr willkürlich vor. Die einen überschüttete sie mit Ehren und Reichtum, andere überging sie. Doch haben nicht auch wir oft den Eindruck, die Annehmlichkeiten des Lebens würden sehr ungleich verteilt? Manche Leute scheinen auf der Sonnenseite dieser Erde geboren worden zu sein, andere verfolgt von Geburt an eine Pechsträhne. Oft ist der Eindruck, glücklos zu sein, aber auch selbst verschuldet. Viele Leute sind nur deswegen unglücklich, weil sie bestimmten Vorstellungen vom Glück nachhängen. Erfüllen sich ihre Wünsche nicht, fühlen sie sich todunglücklich.

Die Überzeugung, daß Macht und Reichtum glücklich, Armut und Ohnmacht aber unglücklich machen, ist weit verbreitet. Sie wird uns auch durch die Werbung permanent eingehämmert. Dabei kann jeder von uns feststellen, daß das so meistens nicht stimmt. Viele Menschen in bescheidenen Verhältnissen leben glücklicher als reiche Leute. Durch falsche Glücksverheißungen treibt man Menschen in die programmierte Enttäuschung. Unzufriedenheit und Langeweile sind die Folgen. Daraus entsteht das Verlangen nach Nervenkitzel, der in der Sucht nach Alkohol oder Drogen, in Gewalttaten und Zerstörungswut bis hin zum Selbstmord gesucht wird.

Die Geschichte von der Katze zeigt uns: Jeder Mensch kann, sofern er nicht durch soziale Ungerechtigkeiten, Krieg oder böse Absicht von Menschen daran gehindert wird, innerhalb seiner Grenzen ein erfülltes und zufriedenes Leben führen. Wichtig ist dabei, daß man nicht in sich selbst die Erfüllung sucht, sondern in der Hingabe an andere. Der geistliche Weg der Sadhana lehrt: „Des Menschen dauerndes Glück besteht nicht darin, daß er etwas erlangt, sondern daß er sich hingibt an etwas, das größer ist als er selbst."

Lehrjahre der Lebenskunst

Vor Jahren habe ich öfters eine Frau besucht, die lange Zeit bettlägrig war. Sie ist inzwischen verstorben. In meiner Erinnerung lebt sie weiter als ein Mensch, der an seiner Krankheit gereift ist. Wenn ich in ihr Zimmer kam, fand ich sie stets gut gelaunt. Auch andere haben mir erzählt: Sooft sie in schlechter Stimmung zu ihr kamen, ging ihnen unwillkürlich auf, wie dumm es ist, sich über Nebensächlichkeiten zu ärgern.

Jeder Mensch hat irgendwelche Pläne für die Zukunft. Der eine bereitet sich auf einen Beruf vor. Ein anderer spart, um ein Haus zu bauen oder eine Wohnung zu kaufen. Andere denken an den Ausbau eines Unternehmens oder bereiten sich auf den Ruhestand vor. Alle denken an morgen. Ein Unfall oder eine ernstliche Krankheit kommen in diesen Gedankenspielen nicht vor; sie können aber über Nacht einen dicken Strich durch unsere Zukunftspläne ziehen.

Wer auf solche Weise unversehens aus seinem gewohnten Lebenslauf herausgerissen wird, erlebt den neuen Zustand zuerst als Isolierung. Nur mehr gelegentlich sieht er oder sie die Freunde oder die früheren Mitarbeiterinnen oder Mitarbeiter. Man kann nicht mehr an den bisherigen gesellschaftlichen Ereignissen teilnehmen. Reisen, Wandern, Schifahren, Feiern im Bekanntenkreis verblassen in der Erinnerung zu einem fernen Traum.

Die meisten Menschen haben gute Freunde, die sie in ihren schweren Tagen begleiten. Das tut jedem wohl. Doch jeder erlebt seinen Kummer zutiefst allein. Er oder sie spürt, wie sie der Schmerz auf sich selbst zurückwirft. Ich bin nicht mehr und kann nicht mehr sein, was ich bisher war. Diese Feststellung kann einen Menschen zuinnerst aufwühlen. Denn es taucht die Frage auf: Was kann ich jetzt noch sein? Wer bin ich nun? Vieles, was früher im Leben wichtig war, verliert jetzt seine Bedeutung. Leistung, gesellschaftliches Ansehen, körperliche Gesundheit, von der die Leute sagen, sie sei das wichtigste, haben nicht mehr einen so hohen Stellenwert. Sie schwinden aus dem Bereich möglicher Wünsche. Allmählich tut sich ein neues Verständnis des Daseins auf. Man sieht den Sinn des Lebens in einer neuen Perspektive.

Als der russische Schriftsteller F. M. Dostojewskij 1849 nach Sibirien verbannt wurde, schrieb er: „Das Leben gibt es überall. Das Leben ist in uns selbst, nicht außer uns … Sich vom Unglück nicht beugen, nicht unterwerfen lassen, was auch immer geschieht, das nenne ich Leben." Zu einer solchen Einsicht konnte nur einer gelangen, der durch Leid geläutert wurde und erfahren hat, wie wenig ein Mensch braucht, um zufrieden zu sein. Der Schriftsteller und Publizist Moritz Arndt hat es so formuliert: „Nicht der ist glücklich, der alles hat, was er verlangt, sondern der, der nicht verlangt, was er nicht hat."

Wer nicht mehr sein kann, was er einmal war, muß versuchen, zu werden, was er noch nicht ist. Dies ist gewiß leichter gesagt als getan. Doch je mehr Dinge im Leben ihre Wichtigkeit verlieren, um so weiter öffnet sich der Horizont. Auf einmal merkt man, wie sinnvoll Dinge sein können, die man früher gar nicht beachtet hat.

Krankheiten und Behinderungen sind nicht nur als Beschränkung der Lebensmöglichkeiten zu sehen. Sie sind, wie der Dichter Novalis geschrieben hat, Lehrjahre der Lebenskunst. In der Krankheit kann ein Mensch unter Umständen intensiver leben lernen. Wer mehr oder weniger zur äußeren Untätigkeit verurteilt ist, kann sein Leben nicht in vielfältigen Unternehmungen ausbreiten, aber er kann es vertiefen.

Einsamkeit

Einfühlsam hat Hermann Hesse in seinem Gedicht „Im Nebel" die Stimmung eines trüben Novembertages eingefangen. Die vierte Gedichtstrophe lautet: „Seltsam, im Nebel zu wandern! – Leben ist Einsamsein. – Kein Mensch kennt den andern, – Jeder ist allein." Der Nebel wirkt wie dunkle Schatten. Oder wie ein Vorhang, der Menschen voneinander trennt. Man sieht sich nicht, man erkennt sich nicht. An Nebeltagen eilen die Menschen, eingehüllt in ihre Mäntel und Tücher, aneinander vorbei. Ein anderes Gedicht von Hesse beginnt mit den Worten: „Vom Baum des Lebens fällt – Mir Blatt um Blatt ... Was heut noch glüht, – Ist bald versunken."

Diese melancholischen Sätze passen zum Herbst. Die Jahreszeit erinnert an Vergänglichkeit und Einsamkeit. Unwillkürlich denkt man an die vielen einsamen Menschen. Sie sitzen in ihren Zimmern und rücken in die Nähe der Heizung oder eines Ofens. Draußen ist es unfreundlich, frostig und kalt. Das einzige „Leben" im Umfeld einsamer Leute ist oft ein Kanarienvogel oder eine Katze. Das Ticken einer Uhr bricht die Stille. Weil auch an diesem Sonntag wieder niemand von den Verwandten gekommen ist, reden sie mit den Erinnerungsfotos, die sie aus der Schublade hervorgeholt haben.

Aber nicht nur Alleinstehende fühlen sich manchmal einsam. Alleinsein und Einsamsein ist nicht dasselbe. Man kann auch an der Seite eines Ehepartners oder in der Gemeinschaft einer Familie einsam sein. Hin und wieder bekommt jeder Mensch zu spüren, was Hesse meint, wenn er sagt: „Kein Mensch kennt den andern." Jeder Mensch ist zutiefst ein undurchdringliches Geheimnis. Man kann andere nur erkennen, soweit sie sich erschließen. Und auch die Selbsterschließung ist begrenzt.

In unseren Tagen ist der Markt an Freizeitangeboten unüberschaubar geworden. Unterhaltung, Vergnügen, Kulturgenuß, Bildung und organisierte Begegnungen sind zu einem Konsumgut geworden. Trotzdem breitet sich die Einsamkeit in unserer Gesellschaft wie eine ansteckende Krankheit aus. Oft liegt die Ursache in der Unfähigkeit zur Kommunikation. Die Leute können nicht mehr miteinander umgehen, miteinander reden, sich unterhalten und lachen.

Wer ständig das Gefühl hat, einsam zu sein, sollte dies als Alarmzeichen werten. Irgendetwas stimmt dann nicht. Viele suchen die Schuld immer nur bei den anderen. Aber oft liegt die Ursache bei den Einsamen selbst. Die Psychologen sagen, daß Einsamkeit häufig die Folge einer negativen Einstellung zu sich selber ist. Einsame sind sich ihrer selbst nicht recht sicher. Sie haben

Angst, nicht angenommen oder geschätzt zu werden. – Und wenn es wahr ist, daß Menschen den Umgang und die Begegnung mit anderen brauchen, um sich zu entfalten und zu reifen, dann ist Einsamkeit ein Wurm, der an der Wurzel der Person nagt. Wie man gegen Schlaflosigkeit, Husten oder Zahnweh etwas unternimmt, so sollte auch die Einsamkeit zu kurieren versucht werden. Dazu gibt es drei wirksame „Tabletten": Er oder sie muß versuchen aufzuhören, sich selbst innerlich abzulehnen; man muß auf sich selber zuzugehen beginnen; schließlich muß jede und jeder sich so annehmen, wie sie oder er nun einmal ist.

Wer mit sich selber gut zurechtkommt, findet leichter Freunde. Und manche Menschen haben schon gute Erfahrungen damit gemacht, daß sie gut zu sich selber waren. Warum z. B. soll eine alleinstehende Frau nur für Besucher frische Blumen auf den Tisch stellen, sich schön machen oder ein gutes Essen zubereiten? Gelegentlich sollte man zu sich selber auf Besuch kommen und sich wie einen lieben Gast behandeln.

Die Kunst der kleinen Schritte

Aus der Zeit der frühchristlichen Mönche stammt die folgende Geschichte. Ein Vater schickte seinen Sohn auf den Acker, das Unkraut zu jäten. Als der Vater vorbeikam, um zu sehen, wie weit der Sohn mit der Arbeit gekommen war, hatte dieser noch nicht einmal begonnen. Er schlief seelenruhig im Gras. Als er den Vater sah, entschuldigte er sich: „Es ist soviel Unkraut auf dem Acker, daß ich nicht wußte, wo ich anfangen sollte." Der Vater gab ihm den Rat: „Jäte jeden Tag soviel, als du Platz brauchst, um dich hinzulegen." Der Sohn befolgte den Rat. Und eines Tages war der ganze Acker von Unkraut frei.

Zweierlei vereitelt oft den Erfolg einer Arbeit. Das erste Hindernis besteht darin, daß jemand mit der Arbeit gar nicht erst anfängt. Dann kann er sie auch nicht erfolgreich beenden. Das andere Hindernis ist die Ungeduld, die sich darin äußert, daß jemand alles auf einmal erreichen möchte. Daran scheitern viele gute Vorsätze. Unüberschaubare Arbeiten, deren Ende man nicht absehen kann, machen leicht mutlos. Die Arbeit eines jeden Tages soll überschaubar und erfüllbar sein. Wer erreicht, was er sich vorgenommen hat, wird den Tag zufrieden beschließen.
Der bekannte französische Schriftsteller und Flieger Antoine de Saint-Exupéry hat ein Gebet ver-

faßt mit dem Titel: „Herr, lehre mich die Kunst der kleinen Schritte." Der Autor betet unter anderem: „Schenke mir das Fingerspitzengefühl, um herauszufinden, was erstrangig und was zweitrangig ist ... Schenke mir die nüchterne Erkenntnis, daß Schwierigkeiten, Niederlagen, Mißerfolge und Rückschläge eine selbstverständliche Zugabe zum Leben sind, durch die wir wachsen und reifen."

Es ist wahr, daß man im Leben oft zupacken muß und Aufgaben nicht auf die lange Bank schieben darf. Aber manche Probleme löst die Zeit. Man braucht nur geduldig zu warten. Wer die Kunst der kleinen Schritte beherrschen will, muß Geduld üben und einen langen Atem haben. Wenn es um Lebendiges, um Pflanzen, Tiere oder gar um Menschen geht, darf man Probleme nicht mit dem Brecheisen angehen.
Der Bauer streut den Samen auf den gepflügten Acker. Der Förster pflanzt junge Bäume. Der Gärtner sät Gemüse und Blumen. Dann ist die Arbeit vorerst getan. Man kann höchstens gießen, wenn das Erdreich zu trocken ist, oder Unkraut jäten. Ansonsten ist Warten das wichtigste. Das Wachstum hat seine eigenen Gesetze. Soll die Saat Früchte bringen, müssen die Regeln und Zeiten des Wachstums beachtet werden.

Freundschaft und Liebe zwischen Menschen sind zarte Pflanzen. Echte Freundschaft braucht wie die Saat auf dem Acker Zeit und Ruhe, um zu wachsen und zu reifen. Damit daraus Großes werden kann, bedarf es der Kunst der kleinen Schritte. Die Liebe hat Zeit, schenkt Zeit und läßt Zeit.

Man sieht, was man weiß

Als ich folgenden Satz las, stutzte ich. „Man sieht, was man weiß." — Wie ist das zu verstehen? Die Zeitschrift, in der ich den Text fand, warb für Bücher über Kunst. Ich begriff: Wer etwas von Kunst weiß, sieht mehr, wenn er durch eine Altstadt oder ein Museum geht. Dinge, von denen man nichts versteht, übersieht man leicht. Der Autoverkäufer sieht Neuerungen an einem Auto, die andere gar nicht bemerken. Der Blumenfreund entdeckt auf der Wiese Dutzende von seltenen Blumen, die andere nicht beachten.

Im Gespräch mit einem Kollegen ist mir etwas ähnliches aufgefallen. Wir haben dasselbe Buch gelesen. Er fand darin großartige Gedanken und betonte, wie recht der Autor hat. Mir hat das Buch überhaupt nicht gefallen. Ich fand, es werden lauter alte Zöpfe breitgetreten. Jeder Mensch liest aber bekanntlich aus der Sicht des Wissens, über das er verfügt. Was die eigene Überzeugung bestärkt, findet man großartig. Was der eigenen Einstellung widerspricht, lehnt man ab.
Wenn jemand Radio hört oder vor dem Bildschirm sitzt, ist es ähnlich. Es fängt schon damit an, daß man solche Sendungen auswählt, die einem zusagen. Der eine liebt Berichte, in denen Geheimnisse der Natur erläutert werden. Andere erfreuen sich an Spielfilmen, Theateraufführun-

gen oder Konzerten. Aber selbst wenn mehrere Personen dieselben Nachrichten hören, bleiben unterschiedliche Informationen im Gedächtnis hängen. Weise ist ein Mensch, wenn er für jede neue Erkenntnis offen ist, aus welcher Ecke sie auch kommen mag.

Der berühmte englische Theologe Kardinal John Henry Newman meinte, man solle sich nicht den Büchern anvertrauen, sondern sie nur benützen; man solle nicht wie ein Gewicht an seinem Lehrer hängen, sondern etwas aus dessen Leben übernehmen; man solle einen Lehrer haben und gleichzeitig Autodidakt sein. Die wahre Erkenntnis bestehe darin, sich solange in die Dinge zu versenken, bis man ihre innere Schönheit und Kraft erfahre.

Eine wichtige Lebenskunst besteht darin, mehr zu sehen und zu hören, als man weiß. Bei jungen Menschen ist diese Fähigkeit oft recht ausgeprägt. Sie sind bereit, ihre erworbenen Erkenntnisse in Frage stellen zu lassen, Neues zu erfahren und dazuzulernen. Mit zunehmendem Alter läuft man Gefahr, in das vorhandene Baukastensystem seines Wissens nur noch Erkenntnisse einzufügen, die hineinpassen. Doch die Fähigkeit zu lernen, ist nicht an ein bestimmtes Alter gebunden. Es gibt alte Leute mit einer erstaunlichen Aufgeschlossenheit für Neues. Und man begegnet Jugendlichen, die ihre Schultaschen geschlossen haben und nicht mehr bereit sind, ihren Horizont zu erweitern.

Die Überlieferung hat dem größten der lebenden Vögel, dem Strauß, angedichtet, er stecke den Kopf in den Sand. Wenn er nichts sehe, so sein Empfinden, könne auch ihn niemand sehen. Die Naturwissenschaftler aber sagen, so dumm sei der Vogel Strauß nicht. Vielmehr findet man ein solches Verhalten viel eher bei den Menschen. Für manche gilt nämlich: Was nicht sein darf, existiert für mich nicht. So ziehen sie sich immer mehr in eine Scheinwelt zurück und hadern dann unausgesetzt mit Menschen und Dingen.

Um viel zu sehen, sollte man viel wissen. Dazu braucht es die Offenheit der Kinder, die Neugierde der Heranwachsenden, die kritische Einstellung junger Erwachsener und die Ausgewogenheit der reifen Menschen. Das Wissen öffnet die Augen. Offene Augen führen zu mehr Wissen. Nicht zu vergessen ist, daß viele gute Einsichten durch das rechte Tun erworben werden. In diesem Sinn erklärte der heilige Bruno: „Nicht das Erkennen und Wissen führt zu guten Werken, sondern umgekehrt, gute Werke vermitteln das Erkennen."

Die richtige Perspektive

Die chinesische Mauer ist das einzige Bauwerk auf der Welt, das man von den künstlichen Wetter- und Nachrichtensatelliten aus mit freiem Auge sehen kann. Ich war nie auf dem Mond, nie in einer Weltraumfähre und nie auf einem Satelliten. Aber ich kann mir vorstellen, daß man vom Weltraum aus das über 6000 Kilometer lange Bauwerk wie ein langes Seil auf der Weltkugel sehen kann. Andere Bauten auf der Erde sieht man nicht, sie erscheinen bedeutungslos.

Wer von den Dingen Abstand gewinnt, hat einen größeren Überblick. Er sieht nur die großen Umrisse. Bei Museumsbesuchen kann man beobachten, wie Leute einige Schritte zurücktreten, um den Gesamteindruck eines Gemäldes auf sich wirken zu lassen. Andere treten nahe hinzu, um die Maltechnik, die Linienführung und nähere Einzelheiten besser zu erkennen. Je nachdem, was man sehen will, wechselt man die Perspektive und den Standort.

Der früh verstorbene indische Jesuit Anthony de Mello erzählte einmal von dem Meister, der seine Schüler in einer sternenklaren Nacht ins Freie führte. Er zeigte ihnen das Sternsystem des Andromeda-Nebels und erklärte, daß die Lichtstrahlen von dort oben mit einer Geschwindigkeit von 300.000 Kilometern in der Sekunde zweieinhalb Millionen Jahre brauchen, um zu uns auf die Erde zu gelangen. Der Andromeda-Nebel besteht aus 100.000 Millionen Sonnen, die viel größer sind als unsere Sonne. Dies sagte der Meister und schwieg. Nach einer Weile fügte er lächelnd hinzu: „Da wir nun die richtige Perspektive haben, wollen wir zu Bett gehen."

Im Gesamt des Universums nimmt sich unsere Erde wie ein Staubkorn aus. Und der Mensch gleicht einer unsichtbaren Mikrobe auf diesem Staubkorn. Darüber hinweg ziehen die Sterne ihre Bahnen. Sie nehmen vom Treiben der Menschen auf der Welt keine Notiz. Die großartigen Erfindungen der Menschen nehmen sich daneben wie Kinderspiele aus. „Was ist der Mensch, und wozu nützt er?" fragt der alttestamentliche Verfasser Jesus Sirach. Und er antwortet: „Wie Ton in der Hand des Töpfers, geformt nach seinem Belieben, so ist der Mensch in der Hand seines Schöpfers."
Aus der Perspektive des Weltalls ist der Mensch ein Nichts. Doch wer ihn mit den Augen Gottes betrachtet, urteilt anders. Die Bibel und die großen Weltreligionen sehen den Menschen als einmaliges Geschöpf. Nach christlicher Überlieferung ist er allein Gott ähnlich. Er ist ein denkendes Wesen und von Gott geliebt. Dies erhebt ihn in seiner Würde über alle Milchstraßen. Es zeichnet ihn aus gegenüber allem, was geschaffen worden ist.

Abstand halten, um den großen Überblick zu bewahren, und trotzdem nicht weltfern sein, ist die Kunst des weisen Menschen. Ihn vermögen die Widerwärtigkeiten des Alltags nicht aus der Ruhe zu bringen. Wenn morgens beim Schuhebinden das Band reißt, weiß er, daß sein Leben nicht an diesem Band hängt. Wenn er mit dem Auto im Stau festsitzt und die Uhrzeiger unbarmherzig vorrücken, ist er sich bewußt, daß die Weltgeschichte trotzdem ihren Lauf nimmt. Und wenn ganze Menschentrauben vor dem Bahnhofsschalter Schlange stehen, werden die Strahlen des Andromeda-Nebels trotzdem in zweieinhalb Millionen Jahren unsere Erde erreichen. Aus der richtigen Perspektive betrachtet, sieht vieles unkomplizierter und weniger wichtig aus, als wir meinen.

Dem Leben trauen

Kennen Sie die Geschichte von dem Mann und seinem Schatten? Die Erzählung stammt aus China und berichtet in etwa folgendes: Ein Mann war über seinen eigenen Schatten so verärgert, daß er beschloß, ihn abzustreifen. Er dachte sich: Ich laufe ihm davon. Aber sein Schatten folgte ihm auf Schritt und Tritt. Ging er langsam, folgte ihm der Schatten langsam. Lief er, begann auch der Schatten zu laufen. So lief er schneller und schneller, bis er atemlos tot zu Boden sank. Hätte er sich in den Schatten eines Baumes gestellt, wäre er seinen Schatten losgeworden. Aber darauf kam er nicht.

Der Mann fühlte sich von seinem Schatten verfolgt. Die dunkle Gestalt am Boden, die ihm in Umrissen glich, störte ihn. Er wollte sie los werden. Ähnlich ist es wohl uns allen schon ergangen. Wir wollten Dinge, die uns wie Schatten verfolgten, abstreifen: die Ungeduld, den Jähzorn, die Hartherzigkeit, die Trägheit des Herzens, die Angst oder den Pessimismus; aber es gelang nicht. Der Wechsel der Wohnung, des Arbeitsplatzes, Ferienreisen, die Flucht in pausenlose Geschäftigkeit, nichts half. Denn: wohin wir auch reisen, unsere Schwächen begleiten uns wie der Schatten.

Ein Sprichwort sagt: „Wo Licht ist, da fällt auch Schatten." Mit dieser Tatsache müssen wir leben.

Im Herzen eines jeden Menschen gibt es schattige Ecken und Winkel. Sicher soll man sich damit nicht einfach abfinden. Manches Dunkle im Leben läßt sich aufhellen, Fehler kann man korrigieren, schlechte Gewohnheiten ablegen, für Schuld kann man Vergebung erlangen. Doch bei allem Bemühen lassen sich die Schatten nicht ganz verdrängen, zumindest Narben tragen wir davon. Da bleibt nichts anderes übrig, als sinnvoll mit ihnen leben zu lernen.

Manche Menschen möchten ihr Leben wie einen Computer programmieren. Alles wird überlegt, geplant und programmgemäß durchgeführt. Risiken werden von vornherein, soweit es möglich ist, ausgeschaltet. Was mit Wagnis, Ungewißheit oder Abenteuer zusammenhängt, wird ausgeklammert. Wer alles so verplant, verzichtet auf einen reizvollen Teil menschlichen Lebens und macht sich und sein Leben ärmer. Was ist ein Kartenspiel, bei dem niemand etwas wagt? Wie weit kommt ein Kaufmann, der nur Geschäfte abwickelt, die hundertprozentig sicher sind? Wie soll jemand eine Berufsentscheidung treffen, wenn er sich nur auf etwas festlegen will, was absolut sicher ist? Was wäre, wenn nur Leute zu heiraten wagten, denen man Glück und Gelingen ihrer Ehe von vornherein garantieren kann?
Von dem Jesuitenpater Alfred Delp, der am 2. Februar 1945 in Berlin-Plötzensee hingerichtet wurde, stammt der Satz: „Laßt uns dem Leben

trauen, weil wir es nicht allein zu leben haben, sondern Gott es mit uns lebt." Nicht unsere Stärke und nicht menschliche Garantien, sondern das Vertrauen auf Gott ist der Grund, das Leben zu wagen, dem Leben zu trauen.

Solange alles gut geht, ist es nicht schwer, dem Leben zu trauen. Aber wenn etwas mißlungen ist, wenn jemand gescheitert ist, wenn nach Umwegen und Irrwegen manche Entscheidungen nicht mehr rückgängig gemacht werden können, dann noch dem Leben zu trauen, das braucht Mut und Kraft. Weil wir dem Leben trotz allem trauen, brauchen wir den Schatten in unserer Seele nicht davonzulaufen.

Es war der Schweizer Psychoanalytiker C. G. Jung, der die Lehre von der Integration des Schattens entwickelt hat. Er sagt: Wer seelisch gesund sein und bleiben will, muß den Schatten in sein Leben integrieren. Schatten sind nicht nur störend. Wie das Spiel von Licht und Schatten der Landschaft einen besonderen Reiz verleiht, können Licht und Schatten auch dem Leben feste Konturen geben. Die Lebensbilder mancher Heiliger z.B. wären blaß und matt, wenn die Heiligkeit nicht auf dem Hintergrund einer dunklen Vergangenheit aufleuchten würde.

Du streßt mich

Heute nachmittag habe ich einen Streß bei-einander", so flötete eine Kinderstimme hinter mir. Ich schaute mich um und sah Kinder mit riesigen Schultaschen. „Das fängt gut an", dachte ich, „wenn Kinder in der Grundschule schon über Streß klagen." Oder wird der Aus-druck „Streß" von vielen nur verwendet, um zu sagen, daß sie überhaupt irgendwie beschäftigt sind?

Ich kann mich nicht erinnern, in meiner Kind-heit je das Wort „Streß" gehört zu haben. Was man heute damit meint, hat es aber sicher auch schon früher gegeben. Den Begriff soll der aus Wien stammende Hans Selye vor 60 Jahren ge-prägt haben. Der Mediziner und Biochemiker, der in Kanada lehrte, hat nämlich beobachtet, daß die Körper von Menschen und Tieren auf erhöh-te Beanspruchung ähnlich reagieren. Ein gewisses Maß an Streß, so der Wissenschaftler, sei lebens-notwendig und ungefährlich. Lang andauernde, starke physische oder psychische Belastungen können jedoch gesundheitliche Schäden wie Ma-gengeschwüre oder einen Herzinfarkt hervorru-fen. – „Du streßt mich", sagte ein Jugendlicher, den die Mutter bat, aus dem Keller einige Fla-schen Mineralwasser zu holen. Er war gerade in ein spannendes Buch vertieft. Ich glaube nicht, daß der Jugendliche großem gesundheitlichen

Schaden ausgesetzt war, als die Mutter ihn dräng-
te, das Gewünschte zu holen.

Es gibt Menschen, die an verantwortungsvollen
Posten stehen, täglich 15 oder mehr Stunden arbeiten, sich aber in wenigen Stunden so erholen
können, daß sie am nächsten Tag gänzlich ent-
spannt und gut gelaunt an die Arbeit gehen. Es
kommt aber auch vor, daß die Überfülle von Terminen und Pflichten den Lebensrhythmus stören
und auf Dauer gesundheitliche Schäden hervor-
rufen. Auch wird manchmal einem Menschen
mehr Verantwortung aufgeladen, als er zu tragen
imstande ist. So gerät er in eine Situation, aus der
er aufgrund widriger Umstände nicht mehr her-
auskommt. Kein Zweifel, es gibt streßgeplagte
Menschen.

Aber wahrscheinlich ist Streß heute aus anderen
Gründen weit verbreitet. Sind es nicht oft dieselben Menschen, die sich gestreßt und frustriert
fühlen? Frustriert fühlt sich jemand, der ent-
täuscht ist, weil er etwas gewünscht und nicht erlangt hat oder weil ihm die Erfüllung von Wün-
schen versagt geblieben ist. Solches tritt um so öfter ein, je höher jemand seine Ansprüche und Er-
wartungen schraubt. Wenn Leute mit unermeß-
licher Gier nach Besitz, Reichtum, Vergnügen
und Erfüllung ihrer Lust streben, ist die Frustrati-
on vorprogrammiert. Illusionen erzeugen Enttäuschungen.

Frustrationen sind mit mehr Geld, mehr Freizeit, mehr Lustgewinn nicht zu überwinden. Mit materiellen Gütern kann man den Hunger der Seele nicht stillen. Beim Einsiedler Evagrios Pontikos, der im 4. Jahrhundert in Ägypten gelebt hat, heißt es: „Das Meer wird nicht voll, wenn es die Menge der Ströme aufnimmt, und die Begierde des Geldgierigen wird durch Besitztümer nicht gestillt." Am schwierigsten ist die Unrast zu bezwingen, die aus dem Gefühl der Sinnlosigkeit entsteht.

Im Buddhismus gibt es eine Regel, um zur inneren Harmonie zu gelangen. Es sind folgende fünf Wege: Ruhe, Distanz, Meditation, Wohlwollen gegenüber anderen und Mitgefühl. Fast gleichlautende Ratschläge findet man auch in der christlichen Literatur. Der Dreiunddreißig-Tage-Papst Albino Luciani gab den Rat: „Verschaffe dir ein bißchen Stille, zum Wohl deiner Seele. Lärm bringt nicht das Gute, das Gute macht keinen Lärm."

Was lachen kann, ist ein Mensch

Am Beginn der abendländischen Philosophie begegnet uns eine Szene voller Komik. Als Thales von Milet, der erste griechische Philosoph, das Himmelsgewölbe beobachtete, fiel er in einen Brunnen. Eine thrakische Dienstmagd, die den Unfall gesehen hatte, lachte laut über ihn. Sie fragte: „Wie will dieser Mann die Dinge am Himmel erforschen, wenn er nicht einmal sieht, was vor seiner Nase und seinen Füßen liegt?"
Der bedeutendste antike Philosoph neben Platon war sein Schüler Aristoteles. Der umfassend Gelehrte hat unter anderem auch über das Lachen nachgedacht. Er hat festgestellt: Der Mensch unterscheidet sich von allen Lebewesen durch seine Fähigkeit zu lachen. „Was lachen kann, ist ein Mensch."

Vor einiger Zeit ist ein geistreiches Buch erschienen. Der Titel besteht aus einem einzigen Wort: „Lachen". Geschrieben hat es ein Theologe. Im Untertitel wird das Lachen als „Gottes und der Menschen Kunst" bezeichnet. Was in dem Buch ausgeführt wird, kann man mit Recht eine „Theologie des Lachens" nennen. Der Autor Karl-Josef Kuschel entfaltet einen höchst interessanten, geschichtlichen Streifzug durch die Bibel, Philosophie, Theologie, Literatur und Musik. Erstaunlich viele Philosophen haben sich mit dem

Lachen beschäftigt. Rosella Prezzo hat ein ganzes Buch voller Aussagen berühmter Philosophen über das Lachen gesammelt.

Auch der Kirchenlehrer Johannes Chrysostomus hat vor gut 1500 Jahren ausdrücklich die Frage gestellt, ob Jesus gelacht hat. Er beantwortete die Frage mit einem klaren „Nein". Diese Meinung hat verschiedene mönchische Lebensregeln bis in unsere Zeit beeinflußt. Mit seiner Ansicht schloß sich der heilige Kirchenlehrer jenen griechischen Philosophen an, die ungezügeltes und hämisches Lachen als menschenunwürdig ansahen. Spätestens an dieser Aussage merkt man, daß Lachen und Lachen nicht dasselbe ist. Man kann viele Arten von Lachen unterscheiden.

Es gibt das triumphierende Lachen des Siegers über den Besiegten. Es gibt das höhnische Lachen über Menschen, denen man sich überlegen fühlt. Es gibt das spöttische, selbstgerechte oder verächtliche Lachen. Dummköpfe lachen oft ohne Grund. Verzweifelte drücken im Lachen ihre Hoffnungslosigkeit aus. Doch wenn man vom Lachen spricht, denkt man gewöhnlich an das offene, befreiende, erfrischende, fröhliche und herzerquickende Lachen.

Das Lachen unterscheidet den Menschen von allen anderen Geschöpfen. Wie glücklich sind junge Eltern, wenn ihr Kind sie erstmals anlächelt! Das erste Lächeln des Kindes ist ein Zeichen, daß es zum Menschsein erwacht ist. Das alttestamentliche Buch Kohelet stellt fest: Für alles, was auf der Welt geschieht, gibt es eine bestimmte Zeit, eine Zeit zum Weinen und eine Zeit zum Lachen. Wenn griechische Philosophen und mittelalterliche Mönche das laute Lachen als ungeziemend beurteilten, ist korrigierend und ergänzend hinzuzufügen: Ungeziemend kann nur sein, zur falschen Zeit oder aus falschem Grund zu lachen. Der amerikanische Theologe Harvey Cox hat vor Jahren ein Buch veröffentlicht mit dem Titel „Das Fest der Narren". Darin heißt es an einer Stelle: „Das Lachen ist der Hoffnung letzte Waffe." Fröhliches Lachen kann also auch der Ausdruck eines selbstverständlichen Gottvertrauens sein.

III
Zeichen entziffern

Über Alltägliches
meditieren

Ein Fest für die Augen

Wem nützen die goldenen Ohrringe einer Frau? Wem nützt der bezaubernde Blumenschmuck auf dem Balkon eines Hauses? Wozu soll man Wein aus einem Kristallglas trinken, wenn man dazu auch einen einfachen Becher benützen kann? – Wer alles nur nach dem Nutzen beurteilt, könnte das gesamte Kunstschaffen aus dem Leben streichen. Die Folge wäre, daß die Welt ärmer und kulturloser würde. Halldór Laxness hat gesagt: „Wer immer nur nach dem Zweck der Dinge fragt, wird ihre Schönheit nie entdecken."

Es hat im Lauf der Geschichte immer wieder politische Systeme gegeben, die auch Menschen ausschließlich nach ihrem Nutzwert beurteilt und behandelt haben. Sklaven wurden wie Tiere oder Waren gekauft und verkauft. In der Zeit des Nationalsozialismus hat man Behinderte und unheilbar Kranke umgebracht, weil sie angeblich niemandem nützen.

Unmittelbar nach dem Zusammenbruch des Kommunismus im Osten Europas hielten sich Krankenschwestern aus Rumänien für einige Zeit in Deutschland auf. Als sie sahen, wie die Schwestern Todkranke pflegten und sich mit geistig behinderten Kindern abmühten, schüttelten sie den Kopf. „Was bringt das?" fragten sie. In ihrer ganzen Erziehung und Ausbildung waren sie darauf gedrillt worden, nur das zu tun, was einen sichtbaren Nutzen und Erfolg bringt. Den Menschen selbst als einen Wert an sich zu sehen und die Würde der Person auch im Behinderten zu achten, war ihnen gänzlich unbekannt.

Die Achtung der Würde eines jeden Menschen und die Ehrfurcht vor allem Geschaffenen schwindet überall dort, wo alles nur nach seiner Nützlichkeit beurteilt wird. Gewiß, goldene Armbänder und edle Ringe kann man in Geld umsetzen. Aber wer einem lieben Menschen oder auch sich selber Schmuck schenkt, denkt nicht an den Geldwert. Auch das Bild eines berühmten Malers hat einen Wert, den man in Zahlen ausdrücken kann. Doch liegt der eigentliche Wert des Kunstwerkes in seiner Schönheit. Kunstwerke haben keinen Zweck zu erfüllen. Schönheit ist ein Fest für die Augen.

Feste feiert man nicht, um Geld zu verdienen oder einen Zweck zu erfüllen. Das mag gelegentlich vorkommen. Doch ein richtiges Fest ist Ausdruck einer überschäumenden Lebensfreude. Weil man sich über die Geburt eines Kindes freut, weil ein Werk gelungen ist oder weil ein neuer Lebensabschnitt beginnt, feiern wir Feste. Es ist schön, daß es dich gibt, sagen wir zur Großmutter an ihrem Geburtstag, und nicht, es ist gut, daß du nützlich bist.

Wer an einem sonnigen Sommertag über Bergwiesen wandert, den Duft der Blumen riecht,
dem Zwitschern der Vögel lauscht, sich dem Spiel
der Sonnenstrahlen in den Zweigen einer Fichte
hingibt, in einen frischen Apfel beißt oder mit
kühlem Quellwasser seinen Durst löscht, der vergißt ganz schnell, nach dem Nutzen all dieser
Dinge zu fragen. Das Schöne ist eine der ur-
sprünglichsten Quellen des Glücks. Es stärkt die
inneren Kräfte des Lebens. „Schönheit ist eines
der seltenen Wunder, die unsere Zweifel an Gott
verstummen lassen", so formulierte es Ortega y
Gasset einmal.
Was also bewegt die Menschen, daß sie ein Leben
lang das Schöne suchen? Sie suchen es in der Natur, in der darstellenden Kunst, in der Musik, in
der Literatur, im Menschen. Die moderne Kunst
macht bewußt, daß Kunstwerke nicht immer im
herkömmlichen Sinn schön sein müssen. Künstler setzen sich mit der Wirklichkeit auseinander,
mit dem Schönen und dem Häßlichen. Sie sind
auf der Suche nach dem Wahren. Hermann Hesse
hat einmal geschrieben: „Ach, man sollte anders
leben, anders sein, mehr unter dem Himmel und
unter den Bäumen, mehr für sich allein und näher
den Geheimnissen der Schönheit und Größe."
Weil Schönheit unmittelbar keinem Zweck
dient, hat sie eine verwandelnde Kraft.

Gott war der erste Sänger

Eine bekannte griechische Sage erzählt von dem thrakischen Sänger Orpheus, der mit seinen Liedern Menschen, Tiere und Steine bezauberte. Beim Lauschen auf seine Lieder vergaßen die Leute allen Streit und lebten friedlich miteinander. Die Sage erinnert an die uralte Erfahrung, daß Musik die Menschen zu verwandeln vermag. Oder anders herum gesagt: Um den bezaubernden Einfluß des Gesanges zu erklären, erfanden die Griechen die Sage von Orpheus.

Bei vielen Völkern schrieb man dem Singen eine Zaubermacht zu. Man sang, damit die Saat aufgehen sollte, die Liebe mit Glück gesegnet werde oder Kranke die Gesundheit wieder erlangten. Von dem griechischen Musiker Terpander wird berichtet, er habe mit seinem Gesang einen Aufstand verhindert. Die Bibel erzählt, wie der junge David mit Harfenspiel und Gesang die Schwermut von König Saul besänftigte.

Es ist also keine Entdeckung unserer Zeit, daß die Musik heilende Wirkung hat. Bereits Pythagoras, Platon und Aristoteles schrieben vor mehr als 2300 Jahren Abhandlungen über die therapeutische Wirkung der Musik. Singen und Musizieren wirken nicht nur positiv auf die Seele, sondern auch auf den Leib. Diese Erfahrung wird in der Musiktherapie für die Heilung von Kranken eingesetzt. Singen fördert das Wohlbefinden und ist zugleich Ausdruck von Lebensfreude.

In den vorchristlichen Mysterien diente die Musik auch dazu, Menschen in Ekstase zu versetzen. Ähnliche Phänomene zeigen sich heute bei großen Popkonzerten, wenn Jugendliche außer sich geraten oder in Ohnmacht fallen. Die Anwesenden tanzen, singen, schwingen mit ihrem Körper im Takt, klatschen in die Hände, stampfen mit den Füßen und lassen sich von den Rhythmen hinreißen. Rhythmische Bewegungen und Händeklatschen haben auch in Kinder- und Jugendgottesdiensten Eingang gefunden. Vom Einfluß der Musik wissen auch die Werbefachleute. Sie preisen mit den einschmeichelndsten Melodien Kaffee und Waschmittel an.

Der Philosoph Platon bezeichnete 350 Jahre vor Christus den Chorgesang als ein Mittel sittlicher Erziehung. Das Singen bildet die Menschen. Sie müssen sich in eine Gemeinschaft einfügen, auf andere Rücksicht nehmen und zusammenhalten. Singen kann Menschen für eine gemeinsame Sache begeistern. Nicht zufällig wird in Jugendgruppen, religiösen Gemeinschaften, bei Vereinen und in vielen Familien gern und häufig gesungen.

Der Dichter Hermann Claudius führte die Macht des Gesanges auf Gott selbst zurück: „Gott war der erste Sänger, singend erschuf er die Welt. Glaubt mir, daß er sie singend heut' noch in Händen hält." Angelus Silesius, der bekannte Schöpfer vieler Kirchenlieder, ist überzeugt, daß Gott in uns spielt und singt. Ganz falsch kann dieser Gedanke nicht sein. Denn wenn die Bibel die Seligkeit des Himmels beschreibt, spricht sie immer auch von Gesang und Musik. Und der Psalm 81 fordert auf: „Stimmt an den Gesang, schlagt die Pauke, die liebliche Laute, dazu die Harfe!"

Die Prediger sagen, die Kirche soll in dieser Welt ein Abbild des Himmels sein. Kann sie dies, wenn in ihr nicht gesungen und musiziert wird? Gehört es nicht zu ihren vornehmsten Aufgaben, in die himmlische Liturgie einzustimmen und mit den Engeln und Heiligen das Lob Gottes zu singen? Darum müssen Gesang und Musik in der Kirche Heimatrecht haben. Die Religion ist, wie uns die Fachleute versichern, die Wiege der Musik. Man kann dem Theologen Karl Barth nur rechtgeben, wenn er sagt: „Eine Gemeinde, die nicht sänge, wäre gar nicht Gemeinde."

Die Sprache des Tanzes

Als im Mai 1994 die Synode der katholischen Bischöfe Afrikas in Rom mit einem Gottesdienst im Petersdom abgeschlossen wurde, führten afrikanische Frauen einen liturgischen Tanz auf. Die Medien vermerkten dies mit großer Aufmerksamkeit. Tänze bei Gottesdiensten sind für uns eher ungewohnt. In Afrika, Indien und anderen Ländern ist dies eine Selbstverständlichkeit. Wo gefeiert wird, da wird getanzt; auch im Gottesdienst. In unserer nüchternen westlichen Welt kennt man den Tanz als Ausdruck der Frömmigkeit kaum noch. In jüngster Zeit gibt es allerdings da und dort tastende Versuche einer Neubelebung des liturgischen Tanzes.

In Frankreich z. B. hat der Bischof von Avignon die bekannte Tänzerin Caterine Golovine ersucht, den Sinn für das Schöne im Gottesdienst auch mit den Formen des Tanzes neu bewußt zu machen. Das Lob Gottes soll mit Leib und Seele „gesungen" werden. Durch manche Mißbräuche und Einseitigkeiten, aber auch durch eine grundsätzlich negative Einstellung gegenüber dem Leib wurde der Tanz bei uns aus dem sakralen Raum verdrängt. Zu unrecht, meint die Tänzerin.

Ich meine nun nicht, wir müßten alle am Sonntag in der Kirche tanzen. Aber man sollte nicht vergessen, daß der Tanz viel mehr als eine Unterhaltung ist. Die Volkstänze mit ihren verschiedenen

Figuren erinnern daran, daß Tanzen eine Sprache ist. Der Tanz als hohe Kunst des Ausdrucks wird ja auch im Ballett und in ähnlichen künstlerischen Formen deutlich sichtbar.

Seit es Menschen gibt, tanzen sie. Wandmalereien aus ältester Zeit zeigen Darstellungen von tanzenden Menschen und Göttern. Schon in alter Zeit haben die Menschen versucht, sich tanzend den göttlichen Kräften zu nähern. Im alten Ägypten galt der Tanz als Symbol für die Auferstehung und das Leben nach dem Tod. Im Hinduismus wird der Gott Schiwa als „König der Tänzer" bezeichnet. Und nicht zufällig findet man bei den Kirchenvätern für Christus die Bezeichnung „Vortänzer des Glaubens". Der tanzende Chistus ist ein altes Motiv in der christlichen Kunst. Bischof Ambrosius sagte in einer Taufpredigt: „Tanz ist der Gefährte des Glaubens und der Gespiele der Gnade." Aus den Psalmen geht hervor, daß der Tanz im Tempelgottesdienst in Jerusalem seinen festen Platz hatte. Und das Evangelium berichtet von Gesang und Tanz bei Hochzeiten.

Natürlich hat der Tanz von Anfang an nicht nur eine religiöse Bedeutung. Der griechische Philosoph und Schriftsteller Lukian schrieb im 2. Jahrhundert nach Christus ein ganzes Buch über das Tanzen. Im Tanz ahmen die Menschen den Rhythmus des Lebens und den Wechsel der Jahreszeiten nach. Tanzend hat man die wichtigen

Ereignisse in Familie und Gesellschaft gefeiert. Der Tanz ist Ausdruck des Lebens. Beim Tanzen bringen die Menschen mit ihrem Körper die Empfindungen und Gefühle zum Ausdruck, die ihre Seele erfüllen: Freude, Staunen, Geselligkeit, Zuneigung, Erschütterung, Trauer, Ergriffenheit, Hoffnung, Vertrauen, Anbetung. Wie in der Malerei, in der Dichtung und in der Bildhauerei wird im Tanz das Leben dargestellt und gedeutet. Nicht zuletzt kann Tanzen eine Form der Meditation sein, in der Menschen sich selber erleben, bestätigen, ausdrücken.

Was kostbar ist, ist immer auch gefährdet. Es bedarf der sorgfältigen Pflege. Dies gilt auch für den Tanz. Er gehört wie alle Formen der Kunst zu jenen Dingen, die den Festen und Feiern, und damit dem ganzen Leben, Glanz verleihen.

Im Anfang war der Rhythmus

I m Anfang war das Wort." Mit diesem Satz beginnt das Johannesevangelium. Johann Wolfgang von Goethe hat im „Faust" diesen Satz abgewandelt und formuliert: „Im Anfang war die Tat." Der Komponist Cesar Bresgen hingegen hat ein kleines Buch geschrieben, das den Titel trägt: „Im Anfang war der Rhythmus."

Bei allem Respekt vor dem Geheimrat Goethe und natürlich auch vor dem Johannesevangelium möchte ich doch dem Musiker Bresgen zustimmen. Denn der Rhythmus ist die allgemeinste Lebenserscheinung, an der nicht nur die Lebewesen teilhaben. Wie von einer inneren Uhr angetrieben, pocht das Herz in unserer Brust und pulst das Blut durch die Adern. Einatmen und Ausatmen, Arbeiten und Ruhen, Schlafen und Wachen markieren unser Leben.

Der Rhythmus schwingt durch die ganze Schöpfung. Wir erleben Tag und Nacht, Sommer und Winter, Frost und Hitze, Ebbe und Flut. Der Rhythmus bestimmte einst das tägliche Leben, besonders das der Bauern: pflügen, säen und ernten. Selbst die Arbeit verlief im Bewegungsrhythmus, beim Mähen, Heuwenden oder Dreschen. Wer den Rhythmus des bäuerlichen Jahres störte, griff in die Lebenswelt der Menschen ein. Damals spürten die Leute noch, daß man nicht ungestraft die Nacht zum Tag und den Sonntag zum Werktag machen kann. Solches Verhalten bedroht den Rhythmus des Lebens. Wenn der Arzt bei einem Menschen eine Herzrhythmusstörung feststellt, verordnet er dringend eine Therapie.

Mehr als in der Vergangenheit sind sich die Menschen heute wieder bewußt, daß sie einem kosmischen Rhythmus unterworfen sind. Daraus eine Religion zu machen, wie es manche gerne möchten, geht sicher zu weit. Aber den Rhythmus des Lebens zu erkunden und sich darauf einzustellen, ist ohne Zweifel ratsam. Leib, Geist und Seele sollen im Rhythmus des Lebens zusammenschwingen. Die Jugend scheint mit ihrer Vorliebe für rhythmische Musik dafür besonders sensibel zu sein.

Wenn Menschen bei besonderen Anlässen feierlich reden, bei Jubiläen, Hochzeiten oder Geburtstagen, werden sie oft poetisch. Sofern sie dazu in der Lage sind, fangen sie an zu dichten. Sie reden in Reimen und Rhythmen. Denn „das Wort ist in den Rhythmus verliebt", hat Henrich Dietz gesagt. Wo die Sprache über den Alltag hinauslangen will, da wird sie rhythmisch. Liebesgedichte, Zaubersprüche, Beschwörungsformeln, Aphorismen, Aufrufe, Hymnen und feierliche Gebete werden im Rhythmus gesprochen oder gesungen.

Vom Philosophen Alkmaion von Kroton, der um 520 vor Christus gelebt hat, stammt der Satz:

„Die Menschen müssen sterben, weil sie nicht imstande sind, ihr Ende wieder mit dem Anfang zu verknüpfen." Er meinte, weil wir das Ende des menschlichen Lebens wie einen unüberbrückbaren Abgrund erleben, sei für den Menschen die Ganzheit eines in sich geschlossenen Daseins nicht möglich.

Aus seiner Sicht hat der Weise aus Kroton richtig geurteilt. Er konnte noch nicht wissen, was 550 Jahre später Jesus von Nazaret sagen würde: „Wer an mich glaubt, wird leben, auch wenn er stirbt." Der Mensch, der von Gott ausgegangen ist, soll wieder zu ihm zurückkehren. Dadurch werden Ende und Anfang miteinander verknüpft. So umgreift der Rhythmus auch Ende und Anfang des irdischen Lebens.

Freunde, die ich mag

K einer zwingt Sie, in Urlaub zu fahren; Sie können unsere Reisebücher auch zuhause lesen." Diesen Satz entdeckte ich in der Auslage einer Buchhandlung, in der verlockende Reiseführer und -bildbände die Blicke auf sich lenkten. Man kann sich gewiß am Strand einer griechischen Insel behaglich im Liegestuhl ausstrecken und ein Buch von Elie Wiesel lesen. Aber ebenso kann man auch daheim auf dem Balkon oder im Garten einen Reisebericht über Norwegen lesen und sich dabei wohl fühlen. Ist nicht das Lesen selbst wie eine Reise in ein fernes Land? „Bücher lesen heißt, wandern gehen in ferne Welten, aus den Stuben auf die Sterne" (Jean Paul).

Bücher sind Freunde. Sie sind zurückhaltend, unaufdringlich und friedlich. Sie schenken Unterhaltung, vermitteln Wissen, entrücken unsere Sinne in ferne Länder und beflügeln die Phantasie. Bücher sind angenehme Gesprächspartner. Sie fesseln uns manchmal mehr als die Erzählung eines Weltenbummlers. Dies mag an der Kraft der Sprache liegen, über die manche Schriftsteller verfügen.

Der Philosoph Johann Gottfried Herder hat einmal gesagt: „Ein Buch hat oft auf eine Lebenszeit einen Menschen gebildet oder verdorben." – Gilt dies nicht auch für die menschliche Gesellschaft? Es gibt Bücher, die haben Geschichte gemacht –

im guten und im schlechten Sinn. Man denke an die großen Dokumente der Weltgeschichte wie den Kodex Hammurapi, die Schriften des Konfuzius, die Bibel, den Koran oder an das Kommunistische Manifest von Karl Marx. Für Christen sind neben der Bibel die Nachfolge Christi des Thomas von Kempen, der Katechismus des Petrus Canisius oder die Schriften des heiligen Augustinus und anderer Kirchenväter zu erwähnen, die in ungezählten Auflagen erschienen sind.

Jemand hat das Sprichwort „Sag mir, mit wem du umgehst, und ich sage dir, wer du bist" abgewandelt in den Spruch „Sag mir, was du liest, und ich sage dir, wer du bist." Wie der Umgang mit Menschen nicht ohne Einfluß bleibt, so färbt auch der Umgang mit Büchern auf die Leser ab. Jeder von uns hat seine Lieblingsbücher. Manche Leute lesen bestimmte Bücher immer wieder, zehnmal, zwanzigmal und öfter.

Gar nicht einmal selten sind Bücher für einen Menschen zum Schicksal geworden. Die jüdische Philosophin und Ordensfrau Edith Stein, die, wahrscheinlich am 9. August 1942, im Konzentrationslager Auschwitz von den Nationalsozialisten umgebracht wurde, hat bekannt, daß sie durch ein Buch zum Christentum und Ordensstand gefunden hat. Sie hielt sich bei ihrer Freundin Hedwig Conrad-Martius auf und fand im Bücherschrank ein Buch der heiligen Theresia von Avila. Sie begann zu lesen und war fasziniert.

Sie las die ganze Nacht. Am Morgen sagte sie: „Das ist die Wahrheit." In jener Nacht fiel die Entscheidung, daß sie Christin und Karmelitin wurde.

Bücher sind Wegbegleiter. Sie sind unterhaltsam und anregend. Sie sind Berater und Wegweiser. Sie schenken Vertrauen und Mut. Viel hängt allerdings davon ab, welche Bücher man in die Hand nimmt. Wie es beim Essen nicht gleichgültig ist, was man ißt oder wie die Speisen zubereitet sind, kommt es auch bei der geistigen Kost auf die Qualität der Nahrungsmittel und auf die Zubereitung an.

Die Bibel ist das erste gedruckte, am häufigsten übersetzte und am meisten verbreitete Buch der Welt. Was für jedes Buch gilt, trifft auf die Bibel in besonderer Weise zu. Sie ist Freund, Wegbegleiter und Quelle der Weisheit. Auch für sie gilt: Man braucht nicht erst zu verreisen, um sie zu lesen.

Wortlos reden die Wälder

Beim Durchblättern eines Liederbuches aus dem Jahr 1949 ist mir aufgefallen, wieviele Lieder den Wald besingen. Mag sein, daß bei solchen Liedern etwas von der Romantik vergangener Zeiten mitschwingt. Aber ist es nicht eigenartig, im Zeitalter der grünen Bewegungen singt kaum jemand vom Wald? Man hält Vorträge und Tagungen über das Waldsterben, man schränkt das Pilzesammeln ein, um den Wald zu schonen, aber in Gedichten und Liedern scheint der Wald vergessen.

Die Politiker und die öffentlichen Verwaltungen sind sich der Bedeutung des Waldes bewußt. Die Förster werden gründlich ausgebildet. Die Wälder werden gepflegt und zur besseren Versorgung mit Forststraßen versehen. Es werden regelmäßig Besichtigungsgänge vorgenommen. Die Verantwortlichen bemühen sich ernstlich, den Wald vor den Gefahren der Luftverschmutzung, des sauren Regens und verschiedener Erkrankungen der Bäume zu schützen. Der Wald ist in guten Händen.
Denn: Der Wald ist die wichtigste Vegetationsform. Er beeinflußt die Luft und das Klima, gleicht Niederschlagsschwankungen und Temperaturen aus und mäßigt großräumig Windbewegungen. Über die Bedeutung und Gefährdung

der Regenwälder im Amazonasgebiet berichten regelmäßig Fernsehen, Radio und Zeitungen. Der Wald ist auch die Heimat ungezählter Tierarten: Hirsche, Rehe, Füchse, Hasen, Eichhörnchen und viele andere Tiere leben dort. Vögel nisten in den Bäumen und zwitschern ihre Lieder ins Gehölz. Der Wald liefert Holz, Pilze und Beeren. Für die Menschen ist er ein gesunder Erholungsraum.

In alten Zeiten verehrten die Menschen heilige Bäume und Haine. Bei den Griechen galt Pan als Wald- und Herdengott und wurde als Schutzherr der Hirten und Jäger angerufen. Pan soll die erste Hirtenflöte geschnitzt haben, von der die Panflöte ihren Namen hat. Vom heiligen Bonifatius, dem Apostel Deutschlands, wird berichtet, daß er bei seiner Missionstätigkeit zu Geismar bei Fritzlar in Hessen eine Eiche gefällt hat, die dem Gott Donar geweiht war. Wegen der großen Bedeutung der Bäume und des Waldes vermuteten die Heiden dahinter göttliche Kräfte oder Gottheiten.
In der Bibel spielt der Wald keine besondere Rolle. Dies mag wohl damit zusammenhängen, daß vor allem das Alte Testament in einer Gegend entstanden ist, in der es mehr Wüsten als Wälder gibt. Bäume und Wälder werden in der Bibel öfters als Bilder gebraucht, z.B. die Zedern des Libanon, die mit einem Kranz junger Söhne verglichen werden. Oder der Wald wird eingeladen,

Gott zu ehren. So heißt es im Buch der Chronik: „Jubeln sollen alle Bäume des Waldes vor dem Herrn!" Oder bei Jesaja: „Brecht in Jubel aus, ihr Berge, ihr Wälder mit all euren Bäumen!"

Auffallend oft wird der Wald im Zusammenhang mit der christlichen Frömmigkeit erwähnt. Die heilige Hedwig von Schlesien, die aus Andechs in Bayern stammte und von Deutschen und Polen in gleicher Weise verehrt wird, sagte einmal, daß Gott in den Gefilden des Waldes zu finden sei, wo er mit den Einfältigen trauten Umgang pflegt. Der verstorbene reformierte Theologe Walter Nigg hat in einer Lebensbeschreibung der heiligen Hedwig geschrieben: „Die Stille des Waldes redet wortlos eine eindringliche Sprache."
Der heilige Bernhard von Clairvaux war überzeugt: „Du wirst in den Wäldern viel Größeres finden als in Büchern." Denn Bäume und Steine können den Menschen etwas lehren, so Walter Nigg, was er gewöhnlich nicht zu hören bekommt, sofern er die Natur nicht bloß romantisch erlebt, sondern in ihr mit dem Ewigen traute Zwiesprache hält.

Bäume sind wie Menschen

Es macht Freude, im Frühjahr durch die wiedererwachte Natur zu wandern: Die Vögel singen um die Wette, Sträucher und Büsche schlagen aus, Lärchen und Laubbäume haben ihre grünen Triebe angesetzt. Es duftet nach Seidelbast, es leuchten die weißen Blüten der Walderdbeere. Die Luft ist würzig und angenehm.

Der Wald lädt zum Verweilen und zum Träumen ein. Die schlanken Baumstämme erinnern an Menschen. Es gibt kleine und große, dicke und dünne Stämme. Fichten stehen neben Tannen, Lärchen neben Föhren. Jeder Baum hat seine Geschichte, deren Alter an den Jahresringen abzulesen ist. Jeder hat seine eigene Gestalt. Zwei ganz gleiche Bäume gibt es nicht.

Ist es mit den Menschen nicht ähnlich? Keiner ist dem anderen gleich. Sie unterscheiden sich nach Größe, Geschlecht, Hautfarbe, Begabung und Charakter. Die Bäume bilden in ihrer Gesamtheit den Wald. Alle Menschen zusammen sind die Menschheit, die aus Völkern und Gemeinschaften zusammengesetzt ist.

Die Bäume haben ihre Wurzeln tief in die Erde gegraben. Aus dem Boden beziehen sie ihre Nahrung. Die Fichte greift mit ihren Wurzeln in die Breite. Die Lärche bohrt in die Tiefe, weil sie mehr Flüssigkeit benötigt. Mit festgekrallten

Wurzeln suchen die Bäume Halt gegen die Stürme. Manche haben einen geschmeidigen Stamm und wiegen sich im Wind wie Ballettänzerinnen. Die Wurzeln der Menschen reichen zurück zu den früheren Generationen. Sie sind verankert in der Kultur, im Brauchtum, in der Geschichte eines Volkes. Wie bei den Bäumen liegen auch beim Menschen die Wurzeln verborgen unter der Erde der Vergangenheit. Sie ermöglichen Leben und Wachstum. Ohne Wurzeln verkommt der Mensch.

Bei Bergtouren oder Höhenwanderungen findet man an der Waldgrenze Bäume, die vom Blitz getroffen sind. In karger Landschaft stehen sie da, festgekrallt im steinigen Geröll. Narben von Sturm und Schnee kennzeichnen ihre Gestalt. Manche sind verkrüppelt und gebrochen. Aber sie halten zäh am Leben fest. Eindrucksvolle Motive für Fotografen.
Wenn man bei Kreuzgängen oder Prozessionen bäuerliche Menschen betend durch die Felder ziehen sieht, wird man manchmal an die verwitterten Lärchen oder Zirbeln an der Baumgrenze erinnert. Ein Leben voll Arbeit und Mühe hat die Menschen geprägt. In die durchfurchten Gesichter sind die Spuren von Sorgen und Freuden eingraviert. Aus den lebhaften Augen leuchtet ein natürlicher Adel.
Tautropfen und Sonnenstrahlen entzünden an Bäumen und Gräsern funkelnde Lichter. So ähn-

lich, stelle ich mir vor, ist es bei den Menschen. Wenn Gottes Liebe sie trifft, leuchten sie auf. Sie erhellen ihren Mitmenschen den Weg und weisen ihnen die Richtung.

Zu den Ursprüngen zurückkehren

Bei einem Besuch im Altersheim zeigte uns eine ältere Witwe ihr Zimmer. „Ich durfte alle meine persönlichen Sachen mitbringen", sagte sie mit Genugtuung. Sie zeigte uns ein Bild. „Dies ist das Heimathaus unseres Großvaters. Schon in meiner Kindheit ist das Bild in unserer Stube gehangen. Meine Mutter hat es mir geschenkt."

Jeder Mensch besitzt Gegenstände, mit denen er Lebenserinnerungen verbindet. Oft sind es Dinge aus der Kindheit. Es können Puppen oder Spielsachen, aber auch Bilder, Bücher, eine alte Uhr oder ein Rosenkranz sein. Die Erinnerungsgegenstände sind Teil unserer Kindheit und Jugendzeit. Sie atmen den Duft einer Zeit, in der man unbeschwert und sorglos lebte. Manche Leute hüten Erinnerungsgegenstände an den verstorbenen Ehepartner, an Verwandte und Freunde wie Reliquien. In ihnen begegnen sie den Verstorbenen. Sie reden mit den Bildern und fühlen sich mit den Toten verbunden. Warum auch nicht? Wir Menschen brauchen Zeichen, um unsichtbare Wirklichkeiten zu erahnen. Ein Foto, ein Ring oder ein Kleidungsstück helfen, die Verbundenheit mit Abwesenden intensiver zu erleben.

In Wadowice in Polen kann man im Heimathaus von Papst Johannes Paul II. Erinnerungsstücke an seine Jugend sehen. Es werden Fotos und Kleidungsstücke, Bergschuhe und Schi, Schulzeugnisse und Andenken an seine Bischofszeit in Krakau gezeigt. Auch für Erfinder, Politiker, Sportler, große Maler, Schauspieler und Schriftsteller werden Museen eingerichtet, die an sie erinnern. Sie sollen ruhig ihre Erinnerungsstätten haben. Aber haben nicht auch die kleinen Leute ein Recht auf ihr kleines, ganz privates Museum?

So ist z. B. auch die Hosentasche eines Zehnjährigen manchmal schon eine Art Museum. Da werden die kostbarsten Dinge aufbewahrt: das Taschenmesser, ein kleiner Gameboy, der Schlüssel für die Geheimschublade, eine Muschel vom letzten Meeraufenthalt, ein Feuerzeug …

Der jüdische Friedensnobelpreisträger Elie Wiesel hat einen Roman geschrieben mit dem Titel „Der Vergessene". Das Buch handelt von einem Mann, der durch eine Krankheit allmählich das Gedächtnis verliert. Für einen Juden – und nicht nur für ihn – gehört die Erinnerung zum Herzstück seines Lebens und seines Glaubens. Darum läßt Wiesel den bereits betagten Elchanan beten: „Gott der Wahrheit, denke daran, daß die Wahrheit ohne Erinnerung zur Lüge wird, weil sie nur die Maske der Wahrheit annimmt. Gedenke, daß durch die Erinnerung der Mensch befähigt wird, zu den Ursprüngen seiner Sehnsucht nach dir zurückzukehren."

Ohne Erinnerung wäre unser Leben ein Baum ohne Wurzeln, ein Haus ohne Fundament, ein

Wasserhahn ohne Verbindung mit einer Quelle. Wenn wir uns erinnern, schöpfen wir Wasser aus der Tiefe eines Brunnens. Niemand kann ohne Erinnerung leben. Ich glaube sogar, niemand *darf* ohne Erinnerung leben. Erinnerungen sind Quellen, aus denen wir trinken. Elie Wiesel schreibt auch: „Wer sich nicht erinnern kann, kann auch nicht bereuen. Und wer nicht bereuen kann, der ist immer in Gefahr, die alten Fehler zu wiederholen. Er kann sich nicht bessern."

Erst wenn am Ende unserer Tage Vergangenheit und Gegenwart in eins verschmelzen, brauchen wir unsere gesammelten Andenken nicht mehr.

Wem leihst du dein Gesicht?

Der Dichter Rainer Maria Rilke hat einmal geschrieben, er habe gerade angefangen, sehen zu lernen. Plötzlich sei ihm bewußt geworden, wieviele Gesichter es gäbe. „Es gibt eine Menge Menschen, aber noch mehr Gesichter, denn jeder hat mehrere."
Seit ich Rilkes Bemerkungen über die Gesichter gelesen habe, achte ich mehr auf die Gesichter der Menschen um mich herum. Auch ich habe nicht gewußt, daß es so viele verschiedenartige Gesichter gibt. „Da sind Leute", schreibt Rilke, „die tragen ein Gesicht jahrelang, natürlich nutzt es sich ab, es wird schmutzig, es bricht in den Falten, es weitet sich aus wie Handschuhe, die man auf einer Reise getragen hat."

Einmal saß ich gegen Abend am Rand eines Spazierweges und hing meinen Gedanken nach. Ich achtete auf die Gesichter. Welches Gesicht setzen die Leute auf, wenn sie spazieren gehen? – Ich sah bleiche, gebräunte, strahlende, offene, sprechende, stumme, verschlossene, abweisende, traurige, freundliche, frohe und spitzbübische Gesichter. Eine Frau mittleren Alters trug deutlich die Spuren von Gram und Enttäuschung im Gesicht. Das durchfurchte Gesicht eines älteren Mannes erzählte von überstandenen Sorgen. Von Lebenserfahrung und Humor sprühte das Gesicht einer

Rentnerin. Weltzugewandt und mutig strahlte das Gesicht eines jungen Mannes, während das Mädchen an seiner Seite glücklich und verträumt in die Welt blickte. Hundert Gesichter, hundert Lebensgeschichten!

Im Gesicht spiegelt sich das innere Wesen eines Menschen. Es verrät nicht nur, wieviel Sorge und Not jemand erlebt hat, es deutet auch an, wie jemand damit fertig geworden ist. Das Gesicht ist oft ehrlicher als das Benehmen und die Worte. Was jemand verdrängen will, schreibt ihm oder ihr die Seele ins Gesicht.

Der französische Schriftsteller Albert Camus schreibt: „Von einem bestimmten Alter an ist jeder Mensch für sein Gesicht verantwortlich." Der Nobelpreisträger hat dabei nicht an Cremes, Puder und Salben gedacht, die verwendet werden, um das Gesicht frisch, strahlend und schön zu erhalten. Die Gesichtspflege hat vielmehr mit der Seelenpflege zu tun. Auch die raffinierteste kosmetische Verschönerung – manche sprechen lieber von „Make-up" – kann eine innere Verwahrlosung nicht verdecken. Gewiß, heutzutage gibt es Spezialisten, bei denen man lernen kann, ein vertrauenerweckendes oder selbstsicheres Gesicht zu zeigen. Aber das ist nur eine Maske, die man z.B. bei der Werbung für Waschpulver oder Freizeitmode gut brauchen kann. Dann hängt man das Werbegesicht wieder in den Schrank. Oder man leiht es aus.

Rilke macht in diesem Zusammenhang eine böse Bemerkung: „Nun fragt es sich freilich, da sie mehrere Gesichter haben, was tun sie mit den anderen? Sie heben sie auf. Ihre Kinder sollen sie tragen. Aber es kommt auch vor, daß ihre Hunde damit ausgehen. Weshalb auch nicht? Gesicht ist Gesicht."

Das Gesicht ist ein Spiegelbild des Inneren. Wahrhaft guten Menschen ist die Güte ins Gesicht geschrieben. Gereifte und abgeklärte Personen strahlen Hoffnung und Zuversicht aus. Eine solche Ausstrahlungskraft ist nicht eine Trainingsangelegenheit. Die wirkliche Gesichtspflege muß tiefer ansetzen. Denn Strahlen gibt es nur, wo eine Lichtquelle vorhanden ist.

Morgenstund hat Gold im Mund

Haben Sie einmal einen Sonnenaufgang auf einem Berggipfel erlebt? Bei finsterer Nacht bricht man auf. Nach anstrengendem Aufstieg lichtet sich allmählich das Dunkel. Die Vögel stimmen ihre Morgenlieder an. Am Gipfel weht ein eisiger Wind. Frierend wartet man auf die Sonne. Dann rötet sich am fernen Horizont der Gipfel des höchsten Berges. Es wird heller. Und plötzlich bricht der erste Sonnenstrahl hinter einem Gebirgsstock hervor. Die wartenden Bergsteiger blinzeln in das helle Licht. Wie Eisen im Feuer glühen die Berge der Umgebung.

Man kann nicht jeden Morgen so eindrucksvoll erleben. Die meisten Tage beginnen anders. Der Wecker reißt einen jäh aus dem Schlaf. Man blickt auf die Uhr. Ja, es ist Zeit. Allmählich treten aus dem Bewußtsein die Umrisse des neuen Tages hervor. Man denkt an die bevorstehenden Verpflichtungen. An die schwierige Verhandlung, die ansteht. An den unvermeidlichen Gang zu den Behörden. An die Sitzung am Abend, die sich bis spät in die Nacht hinziehen wird. Je nach Veranlagung beginnen die einen den Tag mit Lebenslust und Schwung, andere tasten sich vorsichtig in den Morgen hinein. Es gibt nicht wenige Menschen, die den Tag mit Angst beginnen. Das Tageslicht macht die Welt in ihrer harten

Wirklichkeit sichtbar. Wie kantige Felsbrocken liegen unbeliebte Arbeiten, Schwierigkeiten, Spannungen, Schulden und Sorgen auf dem Lebensweg herum. Der Tag erscheint wie ein langer, schmuckloser Gang, an dessen Ende man nichts Verlockendes zu erkennen vermag.

Ein bekanntes Sprichwort lautet „Morgenstund hat Gold im Mund." Damit sind nicht die Goldzähne gemeint, wie sie früher die Zahnärzte eingesetzt haben. Der alte Ausdruck „munt" bedeutet soviel wie Hand und steckt auch in dem Wort „Volksmund". Das Sprichwort will sagen: Morgenstund hat Gold in der Hand und verteilt es an die Frühaufsteher.

Bedenkt man all die unterschiedlichen Situationen, in denen der erste Sonnenstrahl am Morgen die Menschen vorfindet, dann versteht man die Dichter. Die einen besingen den Morgen als Aufbruch in eine sonnige Frühlingslandschaft. Andere scheuen sich, aus der Dunkelheit herauszutreten, weil sie die Wirklichkeit des Tages erschreckt. Beide Stimmungen kommen in der Dichtung vor: Andreas Gryphius besingt die lachende Morgenröte. Novalis dagegen fragt in den Hymnen an die Nacht: „Muß der Morgen wieder kommen?"

Religiöse Morgenlieder enthalten meistens eine frohe Grundstimmung: „Weil der Tag nun fanget an, singe, wer nur singen kann: Gott heut unser

Schirmer sei." So beginnt ein Lied aus dem Jahre 1756. In Psalm 30 heißt es: „Wenn man am Abend auch weint, am Morgen herrscht wieder Jubel."

In der Heiligen Schrift steht der Morgen oft für einen neuen Anfang. Das Evangelium vom Ostersonntag beginnt mit den Worten: „Am ersten Tag der Woche kam Maria von Magdala frühmorgens, als es noch dunkel war, zum Grab und sah, daß der Stein vom Grab weggenommen war." Die Auferstehung Jesu am Ostermorgen steht am Beginn eines neuen Zeitalters der Menschheitsgeschichte. Darum wirft der Ostermorgen ein sanftes Licht auf jeden anderen Morgen. Der weggewälzte Stein vom Grabe Jesu ist ein hoffnungsvolles Symbol für jeden Tagesbeginn, für jeden neuen Anfang.

Nachtgedanken

Wenn Kinder die Zeit angeben, wie lange es noch bis zu ihrem Geburtstag dauert, dann sagen sie gern: „Noch fünfmal schlafen." Hinter dieser Aussage verbirgt sich ein altes Zeitmaß. Die Germanen rechneten nach Nächten, nicht nach Tagen. Mit dem Wort „Nacht" bezeichneten sie den ganzen Tag von 24 Stunden und nicht nur die Zeitspanne zwischen Sonnenuntergang und Sonnenaufgang. Diese Bedeutung steckt noch in den Namen Weihnacht und Fastnacht.

In der Welt der Märchen und Sagen gehört die Nacht den Geistern, Hexen, Heinzelmännchen und Fabelwesen. Wenn die Menschen schlafen, dann hat die Stunde ihres Wirkens geschlagen. In der Nacht erscheint jedes fallende Blatt wie ein lebendiges Wesen. Das Krächzen einer Eule klingt wie der Schlachtruf eines gebannten Kriegers. Dunkelheit und Stille verzaubern das Land und regen die Phantasie an.

In einem Psalm heißt es: „Du sendest Finsternis, und es wird Nacht, dann regen sich alle Tiere des Waldes. Die jungen Löwen brüllen nach Beute, sie verlangen von Gott ihre Nahrung. Strahlt die Sonne dann auf, so schleichen sie heim und lagern sich in ihren Verstecken." Wenn der Hahn mit lautem Schrei den Morgen ankündet, wird es in den Häusern, auf den Straßen und in den Stätten der menschlichen Arbeit wieder lebendig.

Wer in der Nacht nicht schlafen kann, erlebt den Morgen als Befreiung aus lähmender Einsamkeit. Besonders Kranke sehnen sich nach durchwachten Nächten nach dem Morgen. Wenn die Finsternis weicht, schwindet die Einsamkeit. „Die bange Nacht ist nun herum", beginnt ein Gedicht von Georg Herwegh. Er drückt damit aus, wie Leidende oder Menschen ohne geeignete Schlafgelegenheit den Morgen erleben. Sie warten sehnsüchtig wie Wächter auf den Morgen . Auch dies ist ein biblisches Bild.

Die Heilige Schrift berichtet öfters, daß Gott in der Nacht oder im Traum zu Menschen gesprochen hat. Die Nacht ist für die Bibel die Zeit der Gottbegegnung und des Gebetes. Der alte Brauch der Nachtwachen (Vigilien) und der Nachtwallfahrten lebt in unserer Zeit wieder auf.

Einer anderen Bedeutung der Nacht begegnen wir in der geistlichen Literatur. Bei Johannes vom Kreuz liest man von der „Nacht der Sinne". Mystiker erleben ihre innige Vereinigung mit dem unendlichen Gott oft wie eine Dunkelheit, durch die sie hindurchgehen müssen. Auf dem Weg zu Gott, schreibt Johannes vom Kreuz, macht die Seele eine Erfahrung des Überganges, die man als Nacht bezeichnen kann. Die Seele muß durch drei Nächte gehen, um zur Vereinigung mit Gott

106

zu gelangen, so der spanische Mystiker. – Die Nacht ist die Zeit, in der Gott sich den Menschen naht. Aber: „Die die Dunkelheit nicht fühlen, werden sich nie nach dem Licht umsehen"(H. Th. Buckle).

Das Herz ist unser Problem

Die Welt begnügt sich damit, die Oberfläche der Dinge in Ordnung zu bringen; die Kirche ist darauf ausgerichtet, die Tiefen des Herzens zu erneuern." So schrieb im vorigen Jahrhundert der englische Theologe John Henry Newman. Mit seiner Aussage hat Kardinal Newman ein Thema angesprochen, das heute besonders dringlich erscheint. In Zeiten politischer Veränderungen treten zuhauf Leute auf den Plan, die mehr Ordnung und Wohlstand verheißen. Gerade wenn man diese Versprechungen etwas näher prüft, muß man feststellen, daß nach wie vor die äußeren Dinge meistens für wichtiger gehalten werden als die Kultur des Herzens. Man doktert am Erscheinungsbild der Gesellschaft herum, ohne auf die tieferen Ursachen der Unordnung einzugehen.

Schon die Bibel weiß, daß die bösen Gedanken aus den Herzen der Menschen kommen. Die lieblosen, neidischen, feindlichen und habsüchtigen Gedanken sind die Quelle der bösen Taten. Will man Gewalt, Krieg und Verbrechertum bekämpfen, dann müssen zuerst die Herzen kuriert werden. Ansonsten sind alle gesellschaftlichen Reformpläne nichts als Luftschlösser.
Viele Menschen sehnen sich nach besseren Zeiten. Aber wir brauchen keine besseren Zeiten.

Wir brauchen Menschen, die unsere Welt verbessern. Eine Dorfgemeinschaft oder ein Staat sind so gut oder so schlecht, wie es die Bürgerinnen und Bürger sind. Darum müssen alle Maßnahmen zur Verbesserung der Gesellschaft bei den Menschen selbst beginnen. Albert Einstein, der bedeutendste Physiker des 20. Jahrhunderts, hat einmal gesagt: „Das Problem ist heute nicht die Atomenergie, sondern das Herz des Menschen."

Eine Geschichte aus dem jüdischen Talmud erzählt folgendes: Rabbi Jochanan fragte seine Lieblingsschüler, welches die kostbarste Eigenschaft eines Menschen sei. Einer meinte: „Ein gutes Auge haben." Ein anderer: „Einen guten Freund besitzen." Ein Dritter: „Einen guten Nachbarn haben." Der Vierte glaubte: „Die Zukunft enträtseln können." Der Jüngste sagte: „Ein gutes Herz haben." Darauf der Rabbi: „Diese letzte Antwort gefällt mir. Denn in ihr sind alle anderen enthalten." – Was aber heißt das, ein gutes Herz haben? Der Begriff Herz ist ein Symbol. Das Herz gilt als Sitz der Empfindungen und des Mutes. Dies kommt in den Redewendungen „sich etwas zu Herzen nehmen", „sein Herz ausschütten" oder „sich ein Herz fassen" zum Ausdruck. Als einen Menschen mit einem guten Herzen bezeichnen wir eine Person, die gütig, liebenswürdig, ehrlich und selbstlos ist. Das Herz als Symbol bedeutet die innerste Mitte der Person. Dort ist die Quelle, aus der die Gefühle, Gesinnungen, Gedanken und Handlungen der Menschen hervorgehen. Die Mystiker sprechen vom Seelenfünklein. Sie sagen, daß Gott den Menschen näher ist als sie sich selbst. Wenn jemand in einer stillen Stunde gleichsam alle Stufen seines Herzens hinabsteigt bis in den tiefsten Keller, dann ist Gott schon vor ihm dort. Die Erneuerung des Herzens besteht darin, Gott in seinem Innersten zu begegnen und ihn dort wirken zu lassen.

Reinhold Schneider hat den oft mühsamen und steilen Weg gewiesen, auf dem die Erneuerung der Gesellschaft beginnen muß: „Eine Stelle der Welt, ein winziges Teilchen wenigstens können wir verändern, das ist das eigene Herz." Auch Albert Schweitzer war überzeugt: „Auf die Füße kommt unsere Welt erst wieder, wenn sie sich beibringen läßt, daß ihr Heil nicht in Maßnahmen, sondern in neuen Gesinnungen besteht."

Leben ins Gebet bringen

Monika Rudolph
Laß mich klagen
Hoffnung aus der
Frohbotschaft

60 Seiten, kartoniert
ISBN 3-7698-0888-6

Eindringliche Auseinander-
setzungen mit biblischen
Texten, die dazu einladen,
Klagen und Nöte des eigenen
Lebens vor Gott zu bringen.

Ilse und Hans Flierl
Immer wieder beginnen
Von der Bedeutung
des Augenblicks

72 Seiten, kartoniert
ISBN 3-7698-1032-5

Lebensnahe, ermutigende
Texte und Gebete: Atem-
pausen im Alltag und Anstöße
zur Neubesinnung aus dem
Glauben.